Pensamientos Cristianos para los días de la semana

Ellis Potter

© 2025 ELLIS POTTER

Sin limitar los derechos de autor reservados aquí, no se permite la reproducción del contenido de este libro, ni total ni parcialmente, sin el previo permiso escrito del autor, excepto cuando la ley lo permita y con la excepción de citas incorporadas dentro de artículos de crítica y revisión. Tampoco se permite guardar o transmitir el contenido de este libro de forma electrónica mecánica o de copia. Para cualquier información, contacte: info@destineemedia.com

Se ha tenido especial cuidado en citar datos originales y derechos de autor en las citas mencionadas de este libro. En caso de que se encontrara algún error, el editor estará agradecido de recibir documentación escrita que corrija el error para poder ser rectificado en posteriores impresiones.

Publicado por: Destinée Media
www.destineemedia.com

Cubierta diseñada por Istvan Szabo
Cubierta e interior por Istvan Szabo
Formato por Istvan Szabo
Traducido por: Noemi Read
Corregido por: Silvia Sánchez

Todos los derechos reservados por el autor.
ISBN 978-1-938367-88-5

Contenido

Contenido 3
Introducción 1
Semana Uno 3
Semana Dos...9
Semana Tres 15
Semana Cuatro 21
Semana Cinco..27
Semana Seis...33
Semana Siete 39
Semana Ocho...45
Semana Nueve 51
Semana Diez..57
Semana Once 63
Semana Doce 69
Semana Trece 75
Semana Catorce...81
Semana Quince..87
Semana Dieciseis...93
Semana Diecisiete 99
Semana Dieciocho...105
Semana Diecinueve 111
Semana Veinte...117
Semana Veintiuno 123
Semana Veintidos..129
Semana Veintitres 135
Semana Veinticuatro 141
Semana Veinticinco...147
Semana Veintiseis 153
Semana Veintisiete..159
Semana Veintiocho 165
Semana Veintinueve..171

Semana Treinta...177
Semana Treinta y Una 183
Semana Treinta y Dos 189
Semana Treinta y Tres...195
Semana Treinta y Cuatro..201
Semana Treinta y Cinco 207
Semana Treinta y Seis 213
Semana Treinta y Siete...219
Semana Treinta y Ocho 225
Semana Treinta y Nueve 231
Semana Cuarenta..237
Semana Cuarenta y Uno...243
Semana Cuarenta y Dos 249
Semana Cuarenta y Tres...255
Semana Cuarenta y Cuatro.......................................261
Semana Cuarenta y Cinco 267
Semana Cuarenta y Seis 273
Semana Cuarenta y Siete..279
Semana Cuarenta y Ocho 285
Semana Cuarenta y Nueve 291
Semana Cincuenta..297
Semana Cincuenta y Uno 303
Semana Cincuenta y Dos..309

Introducción

El presente libro está formado por 260 pensamientos devocionales que comprenden los 200 contenidos en Pensamientos del Pastor Potter volumen I y II, más 60 nuevos. Cada pensamiento está formado por unas 100 palabras (en inglés), lo bastante corto para poder ser leído durante el ajetreo semanal. Los fines de semana puedes hacer otras lecturas más largas. Algunas personas usan los pensamientos en los devocionales durante las comidas, lo cual puede provocar conversaciones interesantes. Los pensamientos no están dispuestos ni alfabética ni temáticamente, sino de forma aleatoria para que cada día haya un tema diferente. Para darte una idea de lo largo que es un pensamiento, esta introducción contiene 120 palabras.
Espero que Dios use estos pensamientos para tu bendición.

- Ellis Potter
Basilea, 2025

Semana Uno

Lunes

Principios Bíblicos y aplicaciones

Mucha gente se pregunta si la Biblia es "relevante" hoy en día. Los principios que encontramos en la Biblia son eternamente ciertos. Las aplicaciones de esos principios son culturalmente específicas. Por ejemplo, Jesús enseñó a sus discípulos a lavarse los pies mutuamente. El principio detrás de esta acción es el servicio humilde, práctico y diario. En la mayoría de las iglesias de hoy día, el lavamiento de pies se ha reducido a una ceremonia anual, por lo cual el principio se ha perdido. Una mejor aplicación de ese principio sería "lavamiento de los platos". No deberíamos preguntar de qué manera es relevante la Biblia a nuestra cultura, sino cómo es relevante nuestra cultura a la Biblia. No ajustes la Biblia a tu vida. Ajusta tu vida a la Biblia.

Martes

Egoísmo santo

Una pareja decidió ser más generosa con su tiempo, su dinero, el cuidado de otros y la oración. Dio más sin esperar nada a cambio. Entonces descubrieron que sus vidas, su paz y su bienestar habían incrementado. Con Dios no se puede dar nada sin que te sea devuelto en forma de bendición, tanto visible como invisible, presente o eterna. Cuando invertimos en el Reino de Dios estamos invirtiendo en nosotros mismos con la seguridad de una inversión rica. Todos aquellos a los que bendecimos vienen a ser parte de una rica corona de recompensa para nosotros. Cuando no somos egoístas permitimos que Dios moldee en nosotros nuestra persona.

Miércoles

El testimonio del Bautismo

Yo creo que Dios (Padre, Hijo y Espíritu Santo) ha creado el mundo y me ha creado a mí. Yo no me he creado a mí mismo. Me he rebelado contra Dios y he intentado crearme a mí mismo siguiendo mis ideas y deseos. Esta auto creación no es duradera y por lo tanto está muerta. Creo que Jesucristo vino al mundo y murió en la cruz para que yo pueda tener vida nueva. He aceptado esta nueva vida con agradecimiento y me propongo vivir, con la ayuda de Dios, como Él quiere que viva.

Jueves

El arte

El arte es artificial, producto del brazo humano. Las cosas y los eventos naturales pueden ser muy agradables e inspiradores, pero nunca son arte. El arte es Acción Humana Intencional y es responsable. El arte es lo que hace la gente con la naturaleza en la agricultura, la pintura, la música, la cocina, el baile, la arquitectura, etc. El arte es el dominio responsable sobre la naturaleza. El arte son las expresiones y afirmaciones de las personas. No se trata de si nos gusta o no lo que dicen. Se trata de lo que dicen en sí. El arte no es un producto de consumo, sino para el diálogo y las relaciones. Deshumanizamos el arte cuando lo convertimos en un producto de consumo. El arte no se trata de mí solamente, sino de nosotros. Únete a la conversación.

Viernes

La seguridad de la salvación

Aquellos que pertenecen a Dios a través de Jesucristo son salvos y están seguros incluso cuando están física o psicológicamente discapacitados. La salvación no depende de nuestros sentimientos acerca de Jesús, sino de lo que Él ha hecho por nosotros y de Su poder para guardarnos. Ni nuestra condición física ni nuestro estado de ánimo son un indicador fiable de nuestra relación con Dios y de nuestro crecimiento como hijos suyos. La mejor indicación es si estamos creciendo o amenguando en los frutos del Espíritu: amor, gozo, paz, paciencia, benignidad, bondad, fe, mansedumbre y templanza. Que Dios nos proteja del desaliento que producen nuestras decepciones. Amén.

Semana Dos

Lunes

El Poder de la Oración

El poder de la oración desarrolla la relación entre Dios y nosotros y entre aquellas personas con las que oramos. La oración produce milagros específicos de salud, del tiempo climático, de resultados políticos, de trabajos, de exámenes, de esposos y de sitios para aparcar. Todas estas cosas son temporales. Todos los que han sido sanados milagrosamente han muerto más tarde. Es importante que pidamos a Dios por todas las cosas. Él nos da lo que sabe que nos va a bendecir. Un padre o una madre no le dan a su hijo una moto si saben que se va a matar con ella. Ora en el nombre y la voluntad de Jesús.

Martes

Lo que oímos y leemos los cristianos

A veces, los cristianos no han escuchado ni leído con atención desde el principio. En Juan 21:22-23, Jesús le preguntó a Pedro qué importaba si Juan no muriera hasta que Jesús volviera a la tierra. La gente entonces empezó a decir que Juan nunca iba a morir. Es emocionante, llamativo e impactante decir cosas como éstas, pero puede crear confusión, desilusión y tensiones. Sé cuidadoso al oír o al leer, no sea que le des otro significado sensacionalista o quieras probar tus propias ideas. Que Dios nos ayude a ser humildes y disciplinados en lo que leemos, oímos y hablamos. Amén.

Miércoles

Ciudadanía en el Cielo

Le dijeron al niño que había un regalo para él encima del armario. El día de su cumpleaños no tuvo que subir a cogerlo; se lo bajaron y se lo dieron. Nuestra ciudadanía está guardada en el cielo. No tendremos que ir al cielo para obtenerla. Cuando Jesús aparezca y venga el reino de Dios, nos lo traerá aquí a la tierra. El Reino de Dios es Su Voluntad. Deberíamos vivir cada día de manera que Su Reino venga cada vez más a nuestros corazones, nuestras vidas y nuestras relaciones mientras esperamos su llegada.

Jueves

La apologética es amor

La gente necesita saber que el Evangelio es la única manera totalmente racional y precisa de entender la realidad. Aún más, necesitan abrir los ojos y ver su propio pecado y su necesidad de Dios. El amor es lo que debe motivar a la apologética, con la finalidad de alentar a las personas para que busquen esa libertad. Que Dios nos ayude a estar preparados para responder y amar a aquellos que nos preguntan. Amén.

Viernes

Las Bienaventuranzas Posmodernas

1. Bienaventurados los que están seguros de sí mismos porque ellos tendrán éxito.

2. Bienaventurados los que evitan sentimientos de culpabilidad porque ellos serán confortados.

3. Bienaventurados los que tengan una imagen positiva de sí mismos porque se sentirán mejor.

4. Bienaventurados los que tienen claros sus valores porque ellos se inventarán a sí mismos.

5. Bienaventurados los que conocen sus derechos porque así los conseguirán.

6. Bienaventurados los que no se apegan a nada porque ellos serán admirados.

7. Bienaventurados los que se juntan para cotillear porque ellos avanzarán en la vida.

8. Bienaventurados los que son políticamente correctos porque ellos evitarán lacontroversia.

Semana Tres

Lunes

Restricciones

Cada vez más, la gente se ofende con las restricciones y reclaman mayor libertad en sus vidas, especialmente en cómo se identifican a sí mismos. Cuando alguien tiene la libertad de conducir un coche, debe aprender y cumplir las muchas restricciones. Liberarse de las restricciones llevará a la muerte al conductor y a otros. La libertad para usar el lenguaje humano requiere que nos sometamos a muchas restricciones, de otra manera no habrá comunicación. Las restricciones determinan la realidad viva de nuestras libertades. Dios nos pone muchas restricciones en la Biblia. Éstas no son para achicar la vida sino para que la vida sea posible y esté claramente definida. Acepta las restricciones que Dios pone y vive.

Martes

Confesión

Confesar nuestros pecados, específica y generalmente, y obtener el perdón y la purificación de Dios, son esenciales para la vida cristiana. Acuérdate de traer cada día tus pecados, conscientes e inconscientes, a Dios, para que la sangre de Jesús te limpie y perdone. De esa manera nos vamos quitando la basura que se acumula en nuestras vidas y tenemos la oportunidad de empezar de nuevo. Eso nos ayuda a ser más receptivos a las bendiciones de Dios, su guía y su poder para que podamos servir y bendecir a otros. Cuando Dios te haya perdonado, perdónate a ti mismo y sigue adelante. No te aferres a un sentimiento de culpabilidad falso. Haz de ello un hábito diario, tú sólo o con otros.

Miércoles

Guay

La comunicación que es "guay" es emocional y experimental y no conduce a la discusión. No es ni cierta ni errónea- simplemente es "guay". Algo que es "guay" expresa gusto, lo cual no es cuestionable (de gustibus non est disputandum – sobre gustos no hay disputas). Las cosas "guays" no son detectadas por el radar de la lógica y nos invitan a la participación sin la necesidad de tomar una decisión o de comprometernos. Es muy útil en la publicidad y en la propaganda. La comunicación que no es "guay" tiene contenido definido, es comprometida y es verdadera o falsa. Invita a la discusión y a la capacidad de decisión. Las buenas noticias de Jesucristo no son "guays", sino que nos presentan categorías de la realidad que son verdaderas o falsas y nos invitan a tomar una decisión. Jesús no es "guay".

Jueves

¿Qué hay en un nombre?

Un nombre es más que una etiqueta. Un nombre representa un carácter o una reputación. "Es de buen nombre", o "tiene mal nombre". Cuando oramos a Jesús, no usamos Su Nombre como una firma al final de página para darle autenticidad. El Nombre de Jesús es Su Carácter. Nuestras oraciones han de ser como el Carácter de Jesús para que sean aceptables y efectivas. Su Carácter incluye Su Voluntad. Debemos orar en Su Voluntad, no tan sólo en la nuestra. "En el Nombre de Jesús" incluye "si es Tu Voluntad".

Viernes

Autenticidad

Ser auténtico significa ser genuino u honesto. Más concretamente, significa "procedente de uno mismo", como en una autobiografía o autógrafo. Tan sólo Dios procede de Sí mismo. Todo lo demás, tanto cosas como personas, tiene su origen en Dios y no en sí mismo. Si algo o alguien es "autorreferente" no tiene significado, porque el significado se consigue con las relaciones. No existe significado verdadero si no está relacionado con Dios, porque Él es el autor de todo. Que Dios nos ayude a librarnos de la carga de inventarnos a nosotros mismos y la pongamos en Jesús, el cual puede llevarla y solucionarla perfectamente. Amén. Recibe de Jesús tu auténtico ser.

Semana Cuatro

Lunes

Culpa y Esperanza

Sin culpa no hay esperanza. La culpa no es muy popular y es políticamente incorrecta en nuestros días. Se nos enseña a ignorar y a reprimir nuestros sentimientos de culpa, lo cual puede darnos un descanso temporal. Si no somos culpables, entonces sólo somos víctimas inocentes de nuestras circunstancias y debemos ser compensados, entendidos, aceptados y tolerados. La gente puede prometer hacer eso, pero nadie es capaz de hacerlo. Si somos culpables, necesitamos ser perdonados y restaurados. Alguien ha prometido hacer eso. Si llevamos nuestro ser quebrantado a Dios a través de Jesucristo tenemos una esperanza real para el futuro.

Martes

El mal

El bien y el mal no son opuestos idénticos. El bien es original y el mal es una distorsión o una falsedad. El mal no puede existir sin el bien, pero el bien puede existir sin el mal. El mal se nos presenta en formas que odiamos y tememos. El mal es más peligroso cuando nos parece atractivo. El mal nos atrae a participar en él, a internalizarlo hasta que nosotros mismos nos volvemos malos. El mal consiste en rechazar lo que Dios nos da para inventarnos a nosotros mismos según nuestra propia imaginación. El mal fue derrotado y tragado en victoria en la Cruz. No nos metas en tentación, mas líbranos del mal.

Miércoles

Dios es Amor

Es importante que no digamos ni pensemos "el Amor es Dios". Eso nos llevaría a adorar cualquier idea o experiencia transitoria que consideremos como "amor". El amor no puede separarse de la Verdad ni de la Justicia. El amor no es una emoción, sino una serie de acciones que animan y apoyan al amado a ser la persona que Dios quiere que sea. El amor puede ser apacible o violento, animador o amonestador. El amor debe tener la libertad de funcionar independientemente de nuestros sentimientos. Nuestros sentimientos se harán claros si actuamos con amor y con oración. Necesitamos que Dios nos enseñe a amar.

Jueves

Tus necesidades

Muchos pastores han sido enseñados a predicar sobre las necesidades que tiene la gente. Sus sermones son más populares si hacen eso. ¿Deberíamos esperar que los sentimientos de la gente correspondan con lo que realmente necesitan en el Reino de Dios? ¿O deberíamos buscar en la Biblia las cosas que Dios dice que necesitamos? El primer enfoque es lo natural. El segundo es el enfoque espiritual. No necesitamos un Jesús hecho a nuestra medida. Necesitamos ser hechos a la medida de Jesús. Señor, ayúdanos a querer lo que Tú quieres. Amen.

Viernes

Maldición generacional

Hay personas que viven bajo una nube emocional porque una abuela había sido una bruja o un abuelo fue un asesino. Piensan en lo que dice Éxodo 20:5: "…visito la maldad de los padres sobre los hijos hasta la tercera y cuarta generación". No incluyen las últimas palabras de la frase, que dicen "de los que me aborrecen". No se trata de lo que hicieron tus antepasados, sino de si tú amas al Señor. Las consecuencias del pecado (la pobreza, una mala reputación, la ruina ecológica) pasan a las generaciones del futuro, pero no la culpa. El libro de Ezequiel, capítulo 18, es muy claro y alentador en cuanto a este tema. Señor, ayúdanos a vivir por tu gracia. Amén.

Semana Cinco

Lunes

Otros Mandamientos

Deberás:

- Pasarlo bien-espectáculo
- Desenfrenarte
- Seguir la corriente
- Expresarte
- Tener una buena imagen personal
- Disfrutar a tope
- Ser feliz
- Conectarte con tus sentimientos
- Ser natural

Martes

Gloria

"Gloria" significa peso, fundamento sólido, fiable. También significa radiante y resplandeciente. Dios es Amor. El amor es la base de toda la realidad y todo encuentra su significado en el Amor. La Gloria de Dios es el Amor. Debemos decirle a Dios que Él es Glorioso; debemos proclamarlo al mundo y cantar sobre ello. Mostramos el Amor de Dios y magnificamos Su Nombre cuando nuestro Amor por los demás y por el mundo necesitado crece. Participamos en la venida del Reino de Dios a la tierra. "Venga tu Reino, hágase tu voluntad, así en la tierra como en el cielo". Amén.

Miércoles

Confianza y seguridad

En tiempos de crisis y estrés como lo fue la pandemia del Coronavirus de 2020, es difícil estar confiados. Los gobiernos cometen errores, cualquier persona con la que nos encontramos nos puede contagiar, los que controlan nuestra vida en las redes tienen agendas diferentes. No podemos ver ni entender todos los detalles. Pero podemos ver la visión completa en la Persona de Dios y en Sus promesas. Nos promete guardarnos para que nada nos separe de Él. Todos los detalles estresantes y desconcertantes de nuestras vidas tienen significado verdadero en la perspectiva de las promesas eternas de Dios. Fija tus ojos en Jesús. Piensa en Su poder y su fidelidad y ten paz.

Jueves

Sólo Dios es Dios y Dios no está solo

Esto es sólo verdadero para el Dios de la Biblia. El Buda es sólo Buda... Krishna sólo es Krishna... Alá es sólo Alá...Todos están solos en el principio. El Dios cristiano es auténticamente un Dios de amor y de relaciones porque Él es tres Personas eternamente. Dios es tres Personas. El diablo es una persona. Tres personas están centradas en las otras, no en sí mismas. Una persona que está sola, por necesidad, se centra en sí misma ya que no hay otra. Una persona sola se desploma y muere. Tres personas viven y resplandecen. Escoge al Dios vivo de la Biblia para amar el resto de tu vida.

Viernes

Dios es Verde

Mucha gente piensa que Dios es de color marrón (o que está en Babia), despreocupado por Su creación y preparándose para destruirla en el fuego. La expresión 'el fin está cerca' puede significar que la terminación está cerca o el objetivo está cerca. En el griego, "telos" tan sólo significa objetivo. El objetivo es la purificación y la renovación de la creación, no su destrucción. "El fin está cerca" en realidad significa "el principio está cerca". Dios concedió a los humanos la responsabilidad de cuidar Su creación, no de explotar ni dañarla. Los cristianos y los ecologistas (verdes) tienen que aprender que no hay nadie más verde que Dios mismo.

Semana Seis

Lunes

La tristeza y el luto santo

La tristeza santa implica el arrepentimiento que lleva al cambio. Es una pena que no estemos viviendo nuestra vida como Dios quiere que la vivamos, lo cual podríamos hacer. Hay elementos de gozo y agradecimiento en ello. La tristeza del mundo la experimentamos todos y puede que no nos lleve a ninguna parte. La tristeza santa es un don y lleva a la vida. "Bienaventurados los que lloran" se refiere a los que lloran por sus pecados y por el mal del mundo, los que lloran porque han ofendido a Dios; se refiere a los cristianos del Reino de Dios, no a cualquier persona que hace duelo por una pérdida o por un sufrimiento.

Martes

Dolores de crecimiento

¿Hay crecimiento sin dolor? Cuando crecemos física, intelectual, socialmente o en santidad, lo viejo muere y lo nuevo nace. El "yo" viejo nos es familiar. El "yo" nuevo es un misterio y no sabemos cómo vamos a ser. Tenemos que caminar por fe en la oscuridad, dándole la mano a Jesús y confiando en la luz de la Escritura. Cuando sufras dolor, busca el área de crecimiento. Si la encuentras, aún quedará un poco de dolor, pero tendrá significado y propósito.

Miércoles

Sanidad

La sanidad es una característica del cristianismo que encontramos en la Biblia y a través de la historia de la Iglesia. Todos estamos quebrantados y enfermos y Dios quiere sanar nuestros cuerpos, nuestras emociones, nuestras mentes y nuestras actitudes. La sanidad física es parte de la sanidad total que tendrá lugar cuando Jesús vuelva. Si se sana nuestro cuerpo, pero no nuestro corazón, perdemos. Si se sana nuestro corazón, pero no nuestro cuerpo, ganamos. La sanidad física es un remiendo porque todos vamos a morir algún día. La sanidad de nuestro corazón es permanente y eterna.

Jueves

Vasos de agua fresca

Cuando damos un vaso de agua fresca a un pequeño en el nombre de Jesús, recibimos recompensa. Siempre estamos rodeados de pequeños, sobre todo cuando la gente está sola y sus vidas han menguado. Hay muchos tipos de vasos de agua fresca: un email, una llamada telefónica, una palabra de aliento, hacer la compra, una visita o ayudar con las finanzas para tener más control en tiempos de inseguridad. El Señor te mostrará qué tipo de vasos de agua puedes dar. Reparte los más posibles con gozo y así estarás invirtiendo en tu tesoro y tu corona eternos. Siempre te alegrarás de ello.

Viernes

Escondiéndonos de Dios

Adán y Eva se escondieron de Dios entre los árboles del jardín. La gente se esconde del Creador en la creación, detrás de la ciencia y de la evolución. Se esconde de Dios en su orgullo, en sus derechos o en su victimismo. La gente cree que pueden discernir la diferencia entre el bien y el mal por sí mismos y se pueden declarar inocentes. Los que creemos en Jesús también podemos escondernos de Él en un encubrimiento desconfiado de vergüenza. Cuando nos escondemos no podemos ser perdonados, sanados ni transformados. Seamos transparentes con Dios y confiemos en Él completamente. El único escondite verdadero está en Dios.

Semana Siete

Lunes

Realidad II (Lo Auténtico)

Lo auténtico es quién es Dios, qué hace y qué quiere. Dios es la realidad original. Él hizo el universo, el cual también es real. Él te hizo a ti y me hizo a mí y somos auténticos en Su diseño y deseo original. Nos volvemos falsos cuando nos alejamos de Dios y reusamos aceptar la salvación y el sostenimiento de nuestra autenticidad que Él ofrece. El diablo se hizo falso a través de su rebelión e intenta atraernos hacia su falsedad. El pecado, la distorsión, la enfermedad, la separación y la muerte son falsedades que luchan contra nosotros para destruirnos. ¡Vuelve a Jesús y sé auténtico!

Martes

Líderes y seguidores

En el mundo evangélico se hace mucho énfasis en el liderazgo y hay muchos libros y conferencias sobre el tema. Pero siempre hay más seguidores que líderes, por supuesto. La calidad de los seguidores es tan importante como la calidad de los líderes. Los seguidores deberían apoyar y animar a sus líderes, demandar mucho y quejarse poco, deberían examinarlo todo, orar por sus líderes, evitar el cotilleo a toda costa, responder a la enseñanza para que los líderes se animen a enseñar mejor y deberían orar e intentar ser parte de la solución y no parte del problema. Cada seguidor es importante y necesario. Que Dios ayude a todos los seguidores a tomarse en serio su papel. Amén.

Miércoles

Naturalismo

El Naturalismo es una creencia que afirma que lo único que existe es la materia y que todo se puede entender y expresar a través de las matemáticas. La información es un problema para los naturalistas. Todo el mundo cree en la información y su control sobre la materia, particularmente la materia genética. Aunque la información controla la materia, no hay evidencia de que la materia produzca información. La hipótesis religiosa o fe sobre este hecho es que la materia produce información, pero todavía no hemos descubierto cómo. La hipótesis más científica dice que la información es sobrenatural. En el principio existía la información o las relaciones que surgen de un Dios trinitario y de relación. La materia es creada, no auto engendrada.

Jueves

Un tiempo, y tiempos, y la mitad de un tiempo

En el libro del Apocalipsis, capítulo 12 y versículo 14, leemos que la Iglesia huye al desierto, donde es cuidada por un tiempo, y tiempos y la mitad de un tiempo. Esto suma tres y medio, que es la mitad de siete. El número siete significa perfecto o completo en el simbolismo Bíblico. Juan escribió el Apocalipsis poco después de la crucifixión de Jesús. ¿Significa eso que la mitad de la historia de la humanidad ocurrió antes de Jesús y la otra mitad ocurrirá después? ¿Vino Jesús a morir por el mundo justo en medio de la historia de la humanidad? Jesús es el centro de todas las cosas.

Viernes

Noticias y Propaganda

Necesitamos las noticias para obtener información y la propaganda para motivarnos. Las noticias son hechos neutrales. La propaganda es promoción. Normalmente, las noticias y la propaganda van juntas. Si todas las noticias son promociones o propaganda, la gente cada vez tiene menos en común. La propaganda puede ser honesta o deshonesta. El evangelismo debería ser propaganda honesta, promocionando una visión del mundo y fomentando el Reino de Dios. Si pagamos por noticias que son más bien propaganda recibimos lo que hemos pagado y distorsionamos la verdad y la cultura. Estad alertos y examinadlo todo.

Semana Ocho

Lunes

Nuestra corona de Gloria

Los cristianos anhelan recibir de Dios una corona de gloria y de recompensa. En la primera epístola a los Tesalonicenses, capítulo 2, versículos 19-20, Pablo dice que nuestra corona, gloria y gozo son otras personas. Nuestro gozo eterno en la presencia de Jesús será el crecimiento personal y la belleza de otras personas, resultado de nuestro servicio a ellos. Si yo soy tu corona eterna, vas a querer cuidarme mucho, protegerme, limpiarme e incluso ayudarme con mis fallos. Tú eres mi recompensa y yo soy la tuya. Que Dios nos ayude a recordar eso. Amén.

Martes

Paz

Paz, o Shalom, no significa ausencia de conflicto. Es la base o el contexto de la realidad dado por Dios para dar significado y estabilidad en el conflicto. Si la gente ve conflicto en el contexto de la eternidad y la Verdad de Dios, su perspectiva será más realista y evitarán el prejuicio y el egoísmo. La paz debe operar en la realidad, más que en una fantasía romántica. Si los cristianos actúan sinceramente como sal y luz en el mundo, la paz aumentará. Ora por la Paz de Dios (Je ru salem).

Miércoles

Pentecostés II

El Espíritu Santo es el Espíritu de Cristo, el cual viene a vivir en nosotros y produce fruto- amor, gozo, paz, paciencia, benignidad, bondad, fidelidad, mansedumbre y dominio propio. Los cristianos tienen diferentes dones especiales. Normalmente, todos los cristianos aumentan en todos los frutos. Podemos medir nuestro crecimiento como hijos de Dios por los frutos que tenemos y podemos consolarnos de que somos salvos. El Espíritu Santo nos enseña a orar y a pedirle a Dios lo que Él quiere que tengamos. Ora al Padre en el nombre del Hijo, a través del poder del Espíritu Santo. Amén.

Jueves

Los 10 Mandamientos Posmodernos

(En dos tabletas de Samsung).

I. Valorarás sólo lo que contribuya al enriquecimiento de tu vida como a ti te parezca.

II. No honrarás o servirás a ninguna persona, institución o valores aparte de ti mismo.

III. No te someterás a ninguna convención lingüística que te ofenda a ti mismo en ninguna manera.

IV. Ordenarás tu agenda y ritmo de vida tan sólo siguiendo tus sentimientos acerca de ellos.

V. Te honrarás a ti mismo y a tu propia conveniencia por encima de cualquier otra persona.

(continúa en la página 253)

Viernes

¿Uno, dos o tres?

Si "todo es Uno", todas las relaciones son malas e irreales. Si todo es dos, no hay subjetividad, solo dualidad. No era bueno que Adán estuviera solo porque "Sólo Dios es Dios y Dios no está solo". Sólo el Dios de la Biblia es la base razonable y la explicación de la realidad que experimentamos. Dios es Amor porque es Tres y ama entre Sí mismo. Hay bien en nuestra maldad y en el ruinoso mundo porque Dios existe. Confía en Él, Padre, Hijo y Espíritu Santo. Adora y obedece sólo a Él. No aceptes sustitutos falsos.

Semana Nueve

Lunes

Ora en el Nombre de Jesús

Jesús prometió que nos daría todo aquello que pidiéramos a Dios en su nombre. "En el nombre Jesús" no es una etiqueta o una palabra mágica. Significa la naturaleza, el carácter y la voluntad de Jesús. Si pedimos cualquier cosa que imaginamos que podría ser buena y añadimos "en el nombre de Jesús" a la oración, la promesa no es válida. Orar en su Nombre significa orar por lo que Él quiere para nosotros. ¿Por qué querría Dios darnos algo que Él no quiere que tengamos? No sería una bendición para nosotros. El objetivo de la oración es la relación con Dios y el ser más como Jesús.

Martes

¡Escoge la vida!

La vida es dura y complicada; la muerte es fácil y simple. ¡Escoge la vida! Podemos escoger la muerte, pero no tenemos por qué hacerlo- nos va a ocurrir de forma natural. Pero sí debemos escoger la vida. La vida es dura; la muerte es fácil. Nuestra vida natural ocurre de forma "natural", pero nuestra vida espiritual (la vida completa) debe ser recibida de Dios, escogida y vivida. La vida es posible porque Jesucristo murió y resucitó. Nosotros no podemos crear la vida. Tan sólo Dios puede crear vida. Nosotros simplemente la recibimos de Él. Haz de la vida un hábito. Sé agradecido. Dios te bendiga.

Miércoles

Oración I

La oración es especial y corriente. El poder hablar con el Creador del Universo y saber que nos oye, se interesa por nosotros y por lo que decimos, es algo especial y maravilloso. La oración es también algo corriente porque podemos orar en cualquier momento del día o de la noche, por dos segundos o por dos minutos. Podemos orar mientras trabajamos, o durante una conversación, o mientras leemos o conducimos (mejor no cierres los ojos). La oración es corriente porque trae orden a nuestras vidas tanto en el tiempo como en la eternidad. La oración es esencial para la vida.

Jueves

Profetas, Sacerdotes y Reyes

No hay muchos cristianos que se consideren profetas, sacerdotes o reyes. Un profeta habla la Verdad de Dios: pasada, presente y futura. Un sacerdote es un constructor del puente que se conecta entre la gente y Dios a través de la oración. Un rey da órdenes y directrices y juzga lo que hay a su alrededor. Sabemos que Jesús es Profeta, Sacerdote y Rey. Cuando creemos en Jesús y somos suyos, desempeñamos esos papeles en el mundo que nos rodea: en nuestra familia, nuestras amistades, nuestro lugar de trabajo, nuestras iglesias y nuestras comunidades. Esto es lo que Dios requiere de los cristianos en el mundo.

Viernes

Leer la Biblia

Leer la Biblia cada día es importante porque nos mantiene enfocados en el Reino de Dios y en la Realidad. Es como si miráramos por una ventana la Verdad sólida de Dios, la cual funciona como un ancla en los días que nos resultan confusos y desenfocados. También nos mantiene conectados con otros que leen los mismos pasajes, incluso si están lejos. Los beneficios de la lectura de la Biblia no dependen de si entendemos perfectamente todo lo que leemos. Que Dios nos dé hambre por Su Palabra. Amén.

Semana Diez

Lunes

Realidad I (Lo Auténtico)

Lo Auténtico es quién es Dios, qué hace y qué quiere. Dios es original e infinitamente poderoso para mantener esa autenticidad y hacernos sanos y felices en ella. Si intentamos vivir en una realidad hecha por la gente, pasada o presente, imitamos a la serpiente/diablo, que se rebeló e intentó crear su propia realidad, la cual resulta en muerte. Nos sentimos atraídos por una realidad falsa porque creemos en el mito de que seremos autónomos y auténticos en ella. Que Dios nos ayude a aprender sobre la realidad en Su Palabra y nos dé la sabiduría y el poder para elegir la vida. Amén.

Martes

Cultura

La cultura es cultivar cosas juntos y desarrollar lo que valoramos. Tenemos culturas de familia, deporte, negocios, nación. Hay culturas de vida y muerte, esperanza y desesperanza, el Reino de Dios y el reino de este mundo, amor y egoísmo. Los cristianos tienen el mandato de conocer la cultura que les rodea y contribuir a ella. La sal y la luz dan sabor y claridad al mundo. Cuando somos sal y luz, bendecimos la ciudad con los valores del Reino de Dios. La adoración de la cultura lleva a una cultura de muerte. Adorar a Dios lleva a una cultura de vida.

Miércoles

Patriotismo cristiano

¿Cómo podemos los cristianos amar a nuestros países? Podemos orar por los líderes, incluso si nos persiguen. Podemos atesorar nuestros matrimonios y luchar por ellos. Podemos hacer buenas obras. Podemos tomar el control al dar más de lo que se nos pide. Podemos bendecir a nuestros vecinos de palabra y con acción en el nombre de Jesús. Podemos encender una vela pequeña en vez de gritar insultos contra la oscuridad. Podemos desarrollar una reputación ejemplar por nuestro duro trabajo, nuestra ayuda y nuestra fiabilidad. Ora y busca la manera de ser parte de la solución en vez de parte del problema. Depende de Dios, de ti mismo y de otros más que de la ayuda del gobierno.

Jueves

Sal y luz

El mundo es la sal y la luz de la Iglesia. Jesús dijo lo contrario en el Sermón del Monte. Jesús quiere que la Iglesia sea la lucidez y el sabor del mundo. A menudo es al revés. Normalmente, los valores del mundo- el éxito, la importancia, el mercado de valores, la corrección política y la aceptación social, acaparan más atención que los valores del Reino de Dios- los frutos del Espíritu y la fidelidad a Su Palabra. Los cristianos deberían ser auténticos y diferentes en la cultura que crean, no tan sólo seguir y copiar lo que hace el mundo.

Viernes

Seguridad

Dios es amor. Dios es tres Personas. Dios ha creado todo lo que existe. El fundamento del universo no es ni la materia ni la energía, sino el amor. Dios te ama. Si recibes el amor de Dios y permaneces en él, estás guardado y sostenido en los brazos del creador del universo. Cualquier otra "seguridad" es temporal e incompleta. En este mundo perdido nos ocurren muchas cosas negativas- accidentes, enfermedades, persecución, desempleo, separación y, por último, la muerte. Ninguna de esas cosas nos hará sentir verdaderamente inseguros si pertenecemos a Dios. ¡Recibe el amor de Dios y confía en él!

Semana Once

Lunes

Pecado

Dios es la realidad original no creada. Todo lo creado expresa Quién es Él en su forma original. El querer cambiar la realidad para que se amolde a nuestra imaginación es pecado. Pecar es tratar de ser Dios. Dios se centra en el otro. El diablo se volvió egocéntrico, lo cual es pecado. Moisés enseñó que "no se debe robar". Jesús enseñó que "no se debe querer robar". El pecado es más una actitud que un hecho. El pecado es todo aquello que no se ajusta al carácter de Dios y a Su Palabra y todo aquello que no está motivado por el amor. La vida no es posible en realidades alternativas, por lo tanto, el resultado del pecado es la muerte.

Martes

Soltería

El plan de Dios o el programa por defecto para los humanos incluye el matrimonio, los hijos, el trabajo productivo y creativo y un cuerpo y una mente sanos. Ninguno de nosotros encaja en ese patrón perfectamente. Dios nos invita a vivir con nuestras limitaciones, aunque no son parte de su idea original. Todos tenemos necesidades especiales. Nuestras necesidades sólo se satisfacen completamente en Jesús. También debemos reconocer las debilidades que tenemos todos y orar y hacer todo lo posible por mejorarlas. No conocemos la magnitud de la falta de realización de los demás, pero debemos hacer lo que podamos para ayudarles.

Miércoles

El Cielo en la Tierra

Jesús nos enseñó a orar diciendo "venga tu Reino, hágase tu voluntad, así en la Tierra como en el Cielo". Jesús quiere que las dimensiones sobrenaturales del Cielo vengan aquí a nosotros, no que nosotros vayamos "allí" a ellas. Nuestra verdadera ciudadanía eterna está en el Cielo, pero no iremos allí a obtenerla. Vendrá aquí cuando Jesús vuelva. El cristianismo no es una vida de escapismo, sino de compromiso. El sufrimiento y la confusión han hecho que los cristianos pensemos que Dios nos va a llevar a otro lugar y no que Él va a venir a estar aquí con nosotros. Pongámonos de acuerdo con los planes de Dios.

Jueves

Hablar de Dios

En Isaías 62:6 leemos "Los que os acordáis de Jehová, no reposéis". ¿Mencionas a Dios en tus conversaciones con tus vecinos, colegas, panaderos, médicos y banqueros diciendo "Dios te bendiga"? A veces la gente se asombra cuando digo eso, pero no parece que les ofenda. La gente necesita la bendición de Dios. Procura mencionar a Dios en tus conversaciones cuando sea apropiado o positivo. No deberíamos sentirnos tímidos ni avergonzados de hablar del Señor, sino entusiasmados. Cuando bendigas a alguien, ora por ellos. Que Dios nos dé gracia, coraje y sabiduría para hablar de Él. Amén.

Viernes

Polémico

Hay muchos cristianos que temen decir o hacer algo que sea polémico y nos dicen que no lo hagamos. Si algo no es polémico, es universalmente aceptado. Hay muy pocas cosas que son aceptadas universalmente. Quizás estamos de acuerdo en ciertas cosas, como la gravedad de la tierra o que la noche sigue al día, pero no estamos de acuerdo con otras, como la edad de la tierra o su forma. No hay nada más polémico que el evangelio de Jesucristo. Los cristianos deberían ser pacificadores, pero no deberían pretender que hay paz cuando no la hay. La polémica es inevitable y estará con nosotros hasta que Jesús vuelva. Tener fe significa confiar en Dios cuando nuestra situación no es segura, no fingir que es segura.

Semana Doce

Lunes

Toma tu cruz

Jesús dijo: "Todo el que quiera ser mi discípulo debe negarse a sí mismo, tomar su cruz cada día y seguirme". Jesús tomó Su Cruz, la cual era la carga de los pecados de otros. Nuestra cruz no es algo que nos ocurre a nosotros, es algo que decidimos hacer para llevar el peso de otros. No somos víctimas de nuestra cruz, somos agentes de cambio porque tomamos nuestra cruz. Nuestra cruz no es la enfermedad, o la pérdida del trabajo o un terremoto. Dios nos da nuestra cruz en forma de personas y situaciones que encontramos. Tómala.

Martes

Gusto

"De gustibus non est disputandum"- sobre gustos no hay nada escrito. Nuestros gustos son parte de quiénes somos, pero no son algo seguro. Si pensamos que algo es bueno porque nos gusta o malo porque no nos gusta, nos contentamos a nosotros mismos y carecemos de verdad. El que nos guste algo dice mucho de nosotros mismos, no de lo que nos gusta en sí. Los gustos son subjetivos y deben ser unidos a la objetividad para que traigan vida. Hay dos confesiones que traen vida: me gusta lo que no es digno y no me gusta lo que es digno. No confíes en tus gustos para que te enseñen la verdad. Si no nos gustara el pecado no lo haríamos nunca.

Miércoles

La sangre de Jesús

En un mundo pecador cubierto por el polvo de la muerte, vivimos por la muerte de otros. Dios nos ha dado animales que han muerto para darnos comida, ropa y cobijo a través de toda la historia. La sangre de esos animales señala hacia la sangre de Jesús, la cual une nuestro ser y nuestro mundo quebrantados. Jesús nos ama tanto que dio su Sangre por nosotros para que tengamos vida nueva y estemos con Él y con nuestros hermanos en el Reino de Dios para siempre. Nuestras vidas son preciosas y hermosas para Dios. Deberíamos cuidarnos a nosotros mismos al cuidar y servir a otros.

Jueves

El programa predeterminado

El programa predeterminado de Dios para la vida humana incluye el matrimonio y los hijos, la buena salud, la productividad y la confianza en Él. Ninguno de nosotros encaja en el programa completamente, por ello hay programas especiales como la soltería, el crecimiento a través de la adversidad y el contentamiento en las limitaciones. Todos estamos discapacitados. Algunas de las discapacidades son obvias, otras están ocultas. Algunas discapacidades pueden ser curadas durante nuestra vida y otras no. Deberíamos ser sensibles a nuestras discapacidades y a las de los demás. Sé realista y busca la victoria de Dios en tu condición de discapacidad. Anima y apoya a otros en sus situaciones especiales.

Viernes

El Reino de Dios

Jesús dijo que el Reino está cerca, está viniendo, está aquí, está entre nosotros y dentro de nosotros. Esto no describe a la Iglesia o a un lugar lejano. El Reino de Dios es el gobierno de Dios en el mundo, en nuestras sociedades, familias y en nuestros corazones. "Venga tu reino" y "Hágase tu voluntad" significan la misma cosa. Jesús quiere que el gobierno de Dios venga a la tierra. Deberíamos quererlo con Él. Dios, ayúdanos a querer tu voluntad y a recibirla primero en nuestros corazones y luego comunicarla a los demás. Amén.

Semana Trece

Lunes

Dones y Frutos

Recibimos dones y frutos del Espíritu Santo. Los frutos son normativos, mientras que los dones no lo son. Diferentes cristianos tienen diferentes dones. Si te faltan algunos dones (si nunca has hablado en lenguas o resucitado a nadie de los muertos), aún puedes tener una vida cristiana normal. Si te falta alguno de los frutos del Espíritu (amor, gozo, paz, paciencia, benignidad, bondad, fe, mansedumbre, templanza), tu vida no es normal. Todos los frutos del Espíritu son para cada uno de los cristianos. Los frutos son un mejor indicador de tu temperatura espiritual que los dones. Que Dios nos ayude a reforzar los frutos que son débiles. Amén.

Martes

Apego y libertad

Había una vez un hombre que sabía por fe y por experiencia en su vida que el deseo y el apego traen sufrimiento. Esperaba que, tras muchas vidas, conseguiría liberarse al obtener unidad absoluta. El creador no-creado, uno y muchos, se encontró con él y prometió darle un nuevo ser. El creador no-creado se dio por completo al hombre y éste se convirtió en un ser nuevo centrado en el otro, no en sí mismo. Entonces se despertó y se dio cuenta de que podía desear la Verdad y conectarse con sus seres amados sin sufrir eternamente. Su liberación fue un regalo no un logro.

Miércoles

Lo que merecemos

Se discute mucho el tema sobre lo que la gente se merece o no se merece. Si nos pasa algo malo solemos decir "No me merezco esto". La paga del pecado es muerte. Todos pecamos, por lo cual todos merecemos morir. Dios nos concede el "derecho" a recibir perdón y vida nueva a través de Jesucristo, no porque lo merezcamos, sino porque Dios es Amor y desea dárnoslo. Si realmente merecemos algo, entonces la Gracia no es necesaria, lo cual significa dar un bien inmerecido. Recibir lo que merecemos es una posibilidad espeluznante.

Jueves

Juicio

El juicio es para corregir o para destruir. Juzgar significa reparar o ajustar algo para que encaje. No encajamos con Dios porque nuestros pecados nos han deformado. El juicio de Dios restaura nuestra forma original. El proceso puede ser doloroso e intimidante, pero lo aceptamos por fe, confiando en Dios. Los que aceptan la salvación de Dios a través de Jesucristo son bendecidos con Su juicio y son hechos completos y perfectos. Los que rechazan la salvación de Dios son destruidos por Su juicio. El fuego refinador de Dios purifica o quema. Señor, ayúdanos a recibir Tu juicio de amor y Tu sanidad. Amén.

Viernes

Comunión

La comunión es una comida familiar que los creyentes en Jesús comparten para recordar la encarnación y el sacrificio de Jesús y también para pasar un tiempo de compañerismo. Comer y beber son acciones cotidianas y básicas para la vida humana. Jesús no nos dio cosas naturales, como el agua de una fuente y frutas del bosque, sino cosas artísticas- el pan y el vino. Nosotros traemos a la comida lo que hemos creado usando lo que Dios ha creado. Esa comida está reservada tan sólo para aquellos que reconocen su necesidad del poder del cuerpo y la sangre de Jesús y de su perdón, restauración y vida nueva.

Semana Catorce

Lunes

La ley de Dios sobre el amor

La Ley de Dios en el Sermón del Monte trata sobre nuestras relaciones afectivas. No trata sobre la nacionalidad, la geografía, la dieta, las ceremonias, la raza, la cultura o las tradiciones. Esas cosas son parte importante de nuestra vida cristiana, pero, si se inmiscuyen en nuestras relaciones afectivas, se convierten en idolatrías. No debemos ignorar ni eliminar estas cosas, pero debemos asegurarnos de que apoyan y fomentan las buenas relaciones. Todos los valores y las actividades de nuestra vida deberían estar a favor del amor. El amor se encuentra en la cima de la jerarquía y proporciona significado y vida a todo lo demás. Ten en mente el amor.

Martes

Suerte

Mucha gente no cree en Dios. Igualmente, a veces yo les digo "que Dios te bendiga" porque yo creo en Dios y creo que Él puede bendecirles. Mucha gente me dice "buena suerte", a pesar de que yo no creo ni en la suerte ni en la casualidad. La casualidad siempre funciona al 50-50, por ello nada ocurre por casualidad. La gente piensa que la suerte es una fuerza de un universo mecánico e impersonal que dirige sus vidas o es la fortuna personalizada. La esperanza o el deseo de tener buena suerte es aleatorio y desesperanzado. Vivimos en una realidad personal donde Dios lo ve todo y se cuida por todo. Dios te bendiga.

Miércoles

Parábola de la piel de plátano

Si me levanto tarde y voy corriendo por el andén para coger un tren hacia el aeropuerto porque voy a una misión, puedo resbalarme con una piel de plátano y romperme el tobillo. ¿Cómo se entiende esta situación? ¿La causó el pecado de levantarme tarde? ¿La causó el pecado de la persona que comió el plátano? ¿La causó el diablo para evitar que la gente fuera bendecida en la misión? ¿La causó Dios porque sabe que el tren se va a descarrilar? Todas las cosas obran para el bien de aquellos que aman a Dios. Mi problema no es entenderlo todo, sino amar al Señor y a mi prójimo.

Jueves

Especial y Corriente

Todos tenemos experiencias únicas o especiales en nuestra vida, al igual que experiencias corrientes. Las experiencias especiales, como los sueños, las visiones, las sanidades o las reuniones multitudinarias, nos alientan, son memorables y no se repiten normalmente. Las cosas corrientes, como la disciplina, los hábitos de oración, perdonar a otros, nuestra visión del mundo, dan orden y estructura a nuestras vidas y al mundo. Tanto lo especial como lo ordinario son esenciales y necesitan estar enfocados y coordinados el uno con el otro. Juntos proveen un visión clara y completa del mundo y de nuestras vidas.

Viernes

El pecado imperdonable

Algunos cristianos temen haber cometido el pecado imperdonable, la blasfemia contra el Espíritu Santo, y piensan que serán apartados de Dios permanentemente. El pecado implica la acción y las palabras, pero en realidad es más bien una actitud. La blasfemia contra el Espíritu Santo es la actitud de pensar que Su trabajo es malo, en particular Su testimonio sobre Jesucristo. Los que tienen esa actitud no pueden arrepentirse y ser perdonados porque creen que tienen razón. La gente que se preocupa de este pecado probablemente no lo han cometido, pues no se preocuparían por ello. Los que lo han cometido están satisfechos consigo mismos.

Semana Quince

Lunes

Pentecostés I

El día de Pentecostés tiene lugar 50 días después de Semana Santa, cuando el Espíritu Santo descendió sobre los creyentes con un poder nuevo y especial para hablar a otros sobre Dios y ser entendidos en todos los idiomas. Dios es Amor. El poder del Espíritu Santo nos capacita para vivir en armonía en nuestra comunidad. Los frutos del Espíritu Santo son para servir a otros. El Espíritu es viento. El Espíritu Santo sopla sobre nosotros y dentro de nosotros para proclamar a Jesús y nos da dones con los cuales podemos bendecir a otros, particularmente en la enseñanza sobre Jesús y la salvación de Dios. Nos enseña cuánto necesitamos cambiar y ser sanados.

Martes

Verdad y Significado

La verdad no es semejante a los hechos. La verdad son los hechos más el significado. El significado implica relaciones, por lo que nada ni nadie tiene significado en sí mismo. Cualquier cosa que sólo tiene como referente a sí mismo no tiene significado. El significado del color rojo no está en el color rojo, sino en su relación con el color azul, el verde, el marrón, etc. El significado de Adán en la creación estaba, inequívocamente, no en sí mismo (no es bueno que el hombre esté solo), sino en su relación con Dios y con Eva. El significado de Jesús no está en Jesús, sino en su relación con el Padre y con el Espíritu Santo. La verdad es relacional.

Miércoles

Santificado sea Tu Nombre

El nombre no es tan solo una etiqueta. Es también el carácter y la reputación. "Santificado sea Tu Nombre" no es un piropo o una afirmación. Es una petición de que el Nombre de Dios sea santificado, o conocido como santo, en la tierra. Esa es la primera petición en el Padrenuestro porque es nuestra necesidad mayor. El Nombre de Dios se conoce a menudo como "mito" o "opcional" o "fantasía". Este error impide que la gente se llegue a Dios. La principal tarea de la gente de Dios, desde Abraham hasta ahora, es vivir y hablar para que Su Nombre sea conocido como Santo.

Jueves

Necesidad

La independencia es un valor básico de nuestro tiempo. Se nos ha enseñado que podemos inventarnos a nosotros mismos y ser lo que queramos ser. Muchos piensan que no deberíamos casarnos con alguien si le necesitamos. Deberíamos ser independientes y auto suficientes. Por consiguiente, no valoramos a la gente y los despreciamos cuando se acaba la diversión. Dios creó a la gente para que se necesitaran mutuamente, especialmente en el matrimonio. Los cristianos deberían identificar las áreas de necesidad y dar gracias a Dios cuando Él suple esa necesidad a través del cónyuge. Que Dios nos ayude a servir y a depender los unos de los otros. Amén.

Viernes

Veganismo

La idea principal del veganismo es la oposición a la mercantilización de los animales: la gente no debería poseer, explotar, comprar o vender animales. Vivir de esa manera sólo es posible con el apoyo de la tecnología moderna de transporte, agricultura y tejidos sintéticos para la ropa. La dieta vegana forma parte de esa imagen. El veganismo excluye poseer animales domésticos. La gran cuestión sería si los humanos son responsables de organizar a los otros animales, como enseña la Biblia, o si los humanos deberían vivir como animales vegetarianos, sin usar animales para ayudar a la civilización. Para poder llegar a una respuesta, es importante saber si la naturaleza es perfecta o si está quebrantada.

Semana Dieciseis

Lunes

¿Qué es el Amor?

El amor no es una emoción, un apego o un apetito. El amor no se centra en sí mismo, sino en el otro. El centro de Jesús no es Jesús, sino el Padre y el Espíritu Santo. El centro del Padre y del Espíritu Santo son las otras dos Personas de Dios. Cada Persona de Dios se da por completo a las otras dos para sostener y suministrarlas. Esto significa que cada Persona se vacía una vez y se llena dos veces, por lo que hay un crecimiento constante. El amor es una serie de elecciones y acciones responsables por las que animamos y facilitamos al amado a ser quien Dios quiere que se.

Martes

Alabanza

Alabanza significa decirle a alguien lo mucho que vale. Alabamos a Dios o al dinero o a los anuncios o a las tradiciones cuando cantamos o invertimos en ello, los imitamos y los obedecemos. La alabanza es 24 horas-7 días a la semana. No se acaba cuando acaba la reunión. Venimos a la Iglesia a "preparar la alabanza", a prepararnos para alabar el lunes y cada día. La alabanza que damos a muchas cosas es forzada y exagerada. La alabanza a Dios es libre y nunca debe ser exagerada. Podemos alabarle de todo corazón sabiendo que Él nunca será indigno de nuestra alabanza y adoración.

Miércoles

200% Realidad

La ciencia naturalista nos ha enseñado que la realidad es 100%. Pero si ponemos cosas como la Soberanía de Dios y el libre albedrío de las personas en un gráfico circular, no se puede dividir bien. Acabamos sin soberanía y sin libre albedrío. La Biblia añade una realidad del 100%. Si usamos un gráfico circular de tres dimensiones, comprobamos que hay un nivel de soberanía del 100% y un nivel de libre albedrío del 100%. La soberanía y el libre albedrío no compiten por espacio, sino que se complementan en una relación matrimonial. Los cristianos no son iguales a Dios. Están comprometidos al 100%.

Jueves

Casualidad

Dios puso la función de causa y efecto en la creación. No podemos observar o entender completamente la causa y el efecto. Según la observación humana, muchas cosas ocurren por casualidad porque son impredecibles. La casualidad no es un motivador o la causa de las cosas que pasan. Los acontecimientos ocurren a través de la casualidad y el tiempo, no por casualidad o tiempo. Si tiramos la moneda 10 veces, puede ser que percibamos una tendencia hacia cara o cruz. Con el tiempo, si seguimos tirando la moneda, esa tendencia desaparece. Nada ocurre por casualidad. Las cosas pasan por la Voluntad de Dios y la voluntad de sus criaturas personales.

Viernes

La muerte

La muerte es simplemente distanciamiento o separación. Los seres humanos somos un conjunto de vida con mente, deseo, emociones y un cuerpo, los cuales están unidos por un adhesivo llamado alma. Si pierdes tu alma, pierdes el adhesivo y todo se viene abajo. La sangre de Jesús, la cual nos limpia y nos sostiene en vida, es lo que hace que ese adhesivo funcione. La muerte física es la separación de las distintas partes, pero los que tienen la sangre de Jesús volverán a ser restaurados en la resurrección. También vivimos la muerte de las relaciones, de la confianza, de la esperanza y de las ideas. Busca a Jesús para tener la victoria sobre la muerte.

Semana Diecisiete

Lunes

Vida abundante

Si le preguntaras a 10 personas escogidas al azar si sus vidas se enriquecerían o empobrecerían si se convirtieran al cristianismo, ¿qué crees que dirían? Hay cristianos que piensan que pueden vivir una vida pura si evitan la mayoría de la literatura, la música y el cine. Eso es exactamente lo que hacía el apóstol Pablo cuando era legalista. Cuando se convirtió al cristianismo, fue libre para leer y memorizar los poetas griegos paganos e incluso mencionó un himno a Zeus en su sermón en Atenas (Hechos 17). Que Dios nos ayude a amar a nuestro prójimo y que conozcamos lo que piensan y sienten. Amén.

Martes

Parábola del dolor y la sanidad

Había una vez una niña pequeña que había sido dañada, rechazada y acosada de varias maneras. Construyó una muralla a su alrededor y de esa manera echó el dolor afuera. Su máxima prioridad era evitar el dolor. Otros problemas surgieron, como la soledad, la ansiedad y los temores. Estaba infeliz y enferma. Entonces se dio cuenta de que había estado intentando ser su propio dios y protector y se había convertido en una inválida. Volvió a Dios y confesó su pecado y fue perdonada. Se volvió a Dios confiando en Su protección y fue así cómo comenzó el proceso de sanidad y de identidad real en Jesucristo.

Miércoles

¿En paz o indiferente?

Se nos ha prohibido preocuparnos o estar ansiosos por nada y se nos ha prometido la paz de Dios en todas las cosas. A veces, tener paz nos lleva a la indiferencia o a desconectarnos ¿Cómo podemos tener paz sobre nuestro trabajo o nuestra salud o un altercado en la familia o en la iglesia y seguir comprometidos y ser eficientes? Es una energía especial del Espíritu Santo, una actividad pasiva, una urgencia tranquila, una pasividad dinámica, la fe y las obras unidas en la vida cristiana. Pide esa clase de experiencia y búscala. Cuando descansamos en el Señor, recibimos energía para servir.

Jueves

Bendecir y maldecir

Bendecir significa enriquecer, engrandecer y hacer la vida más plena. Maldecir significa achicar la vida. Pueden ser frases o rituales, pero son mucho más que eso. Las bendiciones pueden ser el dinero, la salud, el conocimiento, el ánimo, la ayuda, la amonestación y los desafíos para ser mejor. Las bendiciones nos hacen reales. Las maldiciones nos hacen irreales. Las bendiciones a menudo son dolorosas, mientras que las maldiciones normalmente son agradables. Un ejemplo de una bendición dolorosa es ir al dentista. La adulación es un ejemplo de maldición agradable. Las bendiciones nos mueven a comprometernos con la vida y el desarrollo. Las maldiciones nos distraen de la vida y nos incitan a menguar.

Viernes

Vocación

Hay vocaciones generales y corrientes que los cristianos tienen en común, y vocaciones especiales para cada individuo. La vocación general, que da orden a nuestra vida, es creer en Jesús, ser hijos de Dios, amarnos unos a otros y llevar los frutos del Espíritu. Vocaciones especiales son, por ejemplo, casarse, estudiar medicina, ser fontanero, tener un puesto en la iglesia, ser un empleado fiel, ir de misión o crear una ONG. Si el concentrarnos en una vocación especial interfiere con el amarnos unos a otros, perdemos de vista la vocación ordinaria y nuestras vidas se estropean. Cuando guardamos las cosas importantes recibimos bendición.

Semana Dieciocho

Lunes

El cristianismo es normal y corriente

La experiencia más especial que le ocurrió a Pepe en toda su vida fue el convertirse a Jesucristo y el nacer de nuevo. Estaba muy emocionado y quería repetir esa experiencia de apasionamiento, lo cual conllevó un esfuerzo tremendo y a veces tenía que aparentar con sus amigos y consigo mismo. Con el tiempo, se fue dando cuenta de que las cosas especiales no proveían el orden ni la estabilidad que necesitaba. Los valores y las costumbres de la vida cristiana fiel y ordinaria se convirtieron en el fundamento fiable de su vida. Las experiencias especiales son propias de las ocasiones especiales. Lo cotidiano proporciona lo bueno, constante y fiel para nuestra vida.

Martes

Examinándonos a nosotros mismos

En la primera carta de Pablo a los Corintios, capítulo once, el apóstol nos enseña a examinarnos a nosotros mismos y a no tomar la comunión de una manera inapropiada, sino reconociendo el cuerpo y la sangre del Señor. Ello no significa que al confesar nuestros pecados nos volvemos puros y dignos. Significa que sabemos que somos pecadores y reconocemos que el cuerpo y la sangre de Jesús son los únicos que nos hacen dignos. Cuando sabemos que Jesús nos ha salvado, entonces podemos tomar gozosamente el pan y el vino en comunión con los hermanos. Somos dignos de ello cuando reconocemos que somos indignos. Confía tan sólo en Jesús.

Miércoles

Acércate a Dios

Al final de un dramático testimonio personal en el Salmo 73, Asaf escribió "Pero en cuanto a mí, el acercarme a Dios es el bien". Dios siempre se acerca a nosotros desde el Cielo. Podemos acercarnos a Él cuando le recordamos y nos elevamos hacia Él, recordando que continuamente nos da vida, nos protege, nos guarda y nos ayuda. En las batallas y las tensiones de la vida, acordarnos de Él y de Su gran amor por nosotros nos estabiliza y nos da una perspectiva realista. Sigue con Él día y noche.

Jueves

Entretenimiento y educación

El entretenimiento mantiene a la gente entre una parte activa de la vida y una caricatura de diversión suspendida en el tiempo. La educación incita a la gente a crecer en su concienciación, su compromiso y su aprendizaje. El entretenimiento puede hacer que la enseñanza sea más agradable, pero no puede reemplazarla. La diversión puede ser una bendición que engrandece nuestra vida. La educación siempre lo es. El entretenimiento deja a la gente donde estaba. La educación los mueve hacia adelante. El entretenimiento da a la gente lo que quiere. La educación da a la gente lo que necesita. Los que nos entretienen pueden ser famosos y ricos. Los educadores, creyendo en Jesús, bendicen y son bendecidos para siempre.

Viernes

Igualdad

Hay muchas maneras en las que la gente no es igual: en su salud, su inteligencia, su educación, su poder adquisitivo, sus antecedentes familiares y su herencia. Todos somos iguales en nuestra necesidad de la gracia divina y de la salvación. La justificación es como un globo lleno de aire. Si lo rompes con un martillo grande se convierte en una goma lacia. Ocurre lo mismo si lo rompes con una aguja. Mi necesidad del perdón de Dios es la misma que la que tiene un narcotraficante mafioso. Hay pecados que causan más daño que otros, pero todos acarrean la muerte. No podemos despreciar a nadie.

Semana Diecinueve

Lunes

Auto control y control Espiritual

La Biblia nos dice "haceos un corazón nuevo y un espíritu nuevo" y "no ser perezosos sino fervientes en espíritu". Es imposible hacer eso por nuestra cuenta. Dios promete darnos "un corazón nuevo y un espíritu nuevo y nos manda que caminemos con Espíritu y sigamos el paso con el Espíritu. Tenemos más autocontrol cuando el Espíritu nos controla. La vida cristiana es 100% activa y 100% pasiva. Sé como Israel -el que pelea con (no contra) Dios por la Verdad y la vida.

Martes

Derechos y Responsabilidades

La Biblia conoce las necesidades que tenemos y la forma en la que se ocupa de ellas es dándonos responsabilidades por los demás. La Biblia parece desconocer los "derechos". Las responsabilidades se centran en el otro. Los derechos se centran en uno mismo. El principal imperativo moral del mundo es descubrir qué nos debe la vida y dedicarnos a conseguirlos. En el Reino de Dios descubrimos nuestras responsabilidades y cómo podemos contribuir en este mundo. Nos debemos a la vida, no la vida nos debe a nosotros. Los derechos cancelan la Gracia. Las responsabilidades reciben Gracia. Cuando perdemos nuestra vida en Cristo, entonces la encontramos.

Miércoles

Espiritual = Sobrenatural

La mayoría de la gente cree en esa ecuación, que lo espiritual significa lo invisible, lo no- físico. La Biblia nos enseña que eso es falso. El nacimiento y la resurrección de Jesús fueron inequívocamente tanto espirituales como físicos. Si el nacimiento físico y la resurrección no son espirituales, hemos perdido la Navidad y la Semana Santa. Nuestras vidas espirituales son físicas, intelectuales, emocionales, relacionales y sobrenaturales. El reino espiritual de Dios incluye una tierra nueva física. Jesús murió para que fuéramos completos. Todo lo que nos haga incompletos o nos divida no es espiritual. Dios no quiere que nos dividamos entre lo espiritual y lo no espiritual, sino que seamos completos.

Espiritual = Totalmente Real.

Jueves

Cristianos a tiempo completo

Muchos cristianos hablan de trabajar para la obra cristiana a "tiempo completo". Más recientemente se dice "entrar en el ministerio". Los cristianos deberían siempre ser cristianos a tiempo completo y trabajar en el ministerio de varias formas. Todos somos profetas, sacerdotes y reyes. No importa si nuestro salario viene de las ofrendas o de la economía local. En el cristianismo no hay ni sistema de clases ni trabajo a media jornada. Todos deberíamos ser responsables de servir y de vivir una vida cristiana a tiempo completo. Sé un fontanero o un pastor cristianos a tiempo completo. Sé tu mejor versión para Jesús.

Viernes

Ayuno

El ayuno se da por sentado en la Biblia como parte de la vida cristiana. Podemos hacer ayuno de comida, de conversaciones, de la lectura, del tiempo frente a una pantalla, del internet y de otras cosas. El ayuno se practica normalmente por razones especiales, como el arrepentimiento, la acción de gracias, las decisiones sobre un trabajo o una pareja, el unirse a una iglesia o la preparación para los estudios. Se puede hacer para nosotros mismos o para otros. El ayuno nos hace débiles y nos ayuda a darnos cuenta de nuestra necesidad de Dios. También nos agudiza la mente y nos ayuda a orar y a recibir la guía divina. El ayuno no es algo mágico y no debería convertirse en una competición olímpica espiritual. No debe ser abusado para que no dañe nuestra salud.

Semana Veinte

Lunes

Sigue los deseos de tu corazón

Este es un consejo muy popular. Expresa la creencia humanística de que existe el bien dentro de todos, el cual puede guiarnos de forma infalible y auténtica en nuestras vidas si realmente lo buscamos dentro de nosotros. Si la Biblia es verdad, nuestro corazón es engañoso y no debemos confiar ni depender de él. Debemos confiar en la Palabra de Dios y examinar todos los impulsos de nuestro corazón con ella. Creer que lo que nos parece bueno es bueno es algo atractivo. Mis sentimientos expresan "mi verdad", lo cual me aísla de la verdad de otros. Tu corazón te dirá muchas cosas. Examínalas todas.

Martes

La vergüenza

La vergüenza o el sentido de desprecio es doloroso. Si ese dolor nos lleva a Jesús, recibiremos un nuevo mérito que es eterno, a pesar de nuestra deshonra. Si la vergüenza no nos lleva a Jesús, produce en nosotros amargura, resentimiento y odio. Nos daña y nos distorsiona. Si avergonzamos a otros para hacernos sentir mejor que ellos o para dominarlos, deberíamos avergonzarnos. La vergüenza es pobreza de espíritu, la cual necesitamos para ser parte del Reino de Dios. No temas a la vergüenza ni intentes lidiar con ella por ti mismo. Llévala a Jesús. Él te ama y te ayudará con eso.

Miércoles

Libertad para fracasar

Todos los cristianos son pecadores y están quebrantados. Dios quiere que seamos perfectos y no lo somos, lo cual es frustrante. Cuando los que no son cristianos fracasan, la identidad que han creado para sí mismos se derrumba. Cuando los cristianos fallan, pueden ser perdonados y restaurados por Jesús. No queremos fracasar en nada, pero Jesús nos da la libertad de fracasar sin pánico y continuar hacia adelante con esperanza y confianza. Cuando fracases, no te turbes con la pena. Trae tu fracaso abiertamente a Dios en oración. Ve el fracaso desde la perspectiva de la eterna gracia y del amor de Dios. Recibe su paz, consuelo y poder para tu vida.

Jueves

Dad gracias en todo tiempo

Los cristianos viven en muchas circunstancias diferentes: salud y enfermedad, riqueza y pobreza, seguridad y peligro, popularidad y aislamiento. Lo que todos los cristianos tienen en común es la Verdad universal y eterna de la salvación de Dios y el evangelio vivo de Jesucristo. Esta verdad se revela en cada circunstancia. Nuestras circunstancias, tanto si son agradables como si no, pueden llevarnos a olvidar el amor de Dios y a ser desagradecidos. El amor de Dios envuelve todas nuestras circunstancias. No debemos estar agradecidos por todas las circunstancias porque algunas son malvadas. Si recordamos el amor de Dios, podemos estar razonablemente agradecidos, que es algo saludable y alentador.

Viernes

Lenguaje I

Dios habla y es fiel a lo que dice. Las personas, hechas a Su imagen, han sido destinadas para hablar y ser fieles a lo que dicen. Cuando perdemos el respeto al lenguaje y al compromiso que tenemos con el significado de las palabras, dependemos más de los gestos, de la expresión corporal, de la energía emocional, de las relaciones sociales y de nuestro deseo de comunicación. Este proceso nos resulta más atractivo porque es más relajado que el ser diligente o el estar comprometido. Mientras que los elementos de la comunicación no-verbal son válidos, este proceso nos hace más parecidos a los animales que a Dios. Ten cuidado. Escoge la vida.

Semana Veintiuno

Lunes

El elefante y los ciegos

El elefante es una ilustración popular en la defensa del relativismo. El elefante representa la verdad, mientras que los ciegos intentan descubrir qué es la realidad. Cada ciego describe la parte del elefante que descubre: la cola, la trompa, una pierna, el costado. Los ciegos dicen que la verdad es una manguera, una cuerda, un árbol o una pared. Lo cierto es que debemos aceptar y tolerar la visión de la realidad de cada uno para poder obtener una realidad completa. El problema es que el elefante no dice ni hace nada y no nos ayuda a conocerle. Dios es una Verdad activa y personal que nos habla de Si mismo y de todo lo demás.

Martes

Las promesas de Dios

Muchas de las promesas de Dios ya han sido cumplidas, bien para personas que vivieron hace mucho tiempo o bien para toda la comunidad. No pueden ser reclamadas por ningún individuo. Una promesa que podemos reclamar todos nosotros se encuentra en Filipenses 4:6-7. Dios promete que si ponemos todo en sus manos Él nos guardará en Jesucristo. Nuestra necesidad mayor es el ser querido, ser guardado y el pertenecer a alguien. Esa es la promesa que realmente necesitamos. Esa es la promesa que Dios siempre cumple con nosotros. Cuando reclamamos esa promesa, toda nuestra vida está guardada y sostenida por el amor de Dios.

Miércoles

Autoridad

La autoridad es el poder para describir la realidad de la misma manera que un autor describe un libro. Toda autoridad procede de Dios, el cual es el autor de la realidad. De la misma manera que los niños necesitan que sus padres les describan la realidad de la hora de irse a dormir, la dieta y dónde jugar sin peligros, nosotros necesitamos que Dios nos describa la realidad. Esto lo hace a través de la Biblia y del Espíritu Santo. La autoridad funciona en nuestras relaciones con Dios/gente, padres/hijos, gobierno/ciudadanos, marido/mujer, jefe/empleado, ancianos/miembros de la Iglesia y otras relaciones. Todas las relaciones están distorsionadas por el pecado. La libertad se consigue cuando oramos y procuramos corregir las relaciones, no cuando eliminamos la autoridad. Ora por aquellos que están en puestos de autoridad.

Jueves

La gracia

Una persona que cometió errores dañinos en el trabajo fue perdonada por su jefe porque le había contratado y formado y además creía que tenía mucho potencial. Eso es Gracia, dada por el poderoso al necesitado. Nosotros podemos dar Gracia a otros a través del poder del Espíritu Santo. Los cristianos débiles, simples y despreciados tienen el poder de Dios para dar gracia a cualquiera. Si los cristianos ven a la gente a través de los ojos de la Gracia, se convierten en la sal y la luz del mundo y en instrumentos de la Paz de Dios. Los débiles se esconden detrás de sus derechos o de su presunta superioridad. Los fuertes dan Gracia.

Viernes

Batalla

Si enseñamos a nuestros hijos que el género es un don y no algo que nosotros elegimos para nosotros, según nuestros sentimientos, que no nos inventamos a nosotros mismos y que Jesús sólo es Señor, tendremos, al igual que nuestros hijos, un conflicto enorme en el colegio y en nuestra cultura en general. Nuestra situación como cristianos no es segura, pero Dios está con nosotros. La cultura que nos rodea nos enseña a nosotros y a nuestros hijos ideas mortales, no Bíblicas y nos demanda que nos conformemos a ellas. ¿Hasta dónde se debe llegar y cuándo hemos de decir basta? Que Dios nos dé sabiduría y coraje. Amén.

Semana Veintidos

Lunes

Libertad Total = Muerte

En nuestra cultura, la libertad tiene cada vez más valor que la formalidad, la lealtad, la responsabilidad, la dependencia o la obediencia. Dios no hizo al ser humano para que estuviera solo o fuera independiente. Si nos liberamos totalmente de necesitar a otros individuos o a la sociedad, nos vemos avocados hacia el aislamiento y la separación, lo cual es muerte. La gente quiere ser libre según su imaginación, pero nuestra imaginación no reproduce la realidad. La realidad es Quién es Dios, lo que Él hace y lo que Él quiere. La libertad es dinámica y sólo cobra significado con la formalidad. Señor, ayúdanos a ser libres en el formato que Tú nos das. Amén.

Martes

La hospitalidad

Recibir a los desconocidos (Hospes) o a los enemigos (Hostis) es una parte normal de la vida cristiana. La hospitalidad cristiana es recibir a aquellos que necesitan acogida y no pueden devolvernos el favor. Dar fiestas para los amigos no cuenta. Podemos recibir gente en nuestra casa, en nuestro tiempo o nuestra amistad. La hospitalidad es especialmente para nuestros hermanos en la fe, pero también para los no creyentes. La hospitalidad puede estar limitada por circunstancias familiares especiales de privacidad. La hospitalidad nacional en el Antiguo Testamento se conformaba dentro de la cultura y religión judía. Preparamos una cultura para las visitas en nuestras casas o comunidades. Las visitas no están invitadas a determinar nuestra cultura. Cultiva la xenofilia.

Miércoles

Ofensivo

Ser acusado de ser ofensivo no tiene defensa. Si una persona se siente ofendida o se enfada o se siente atacada, su emoción es indiscutible. Ofender significa atacar, más que defender. Si dices algo con lo cual otros no están de acuerdo, estás atacando sus creencias. Si sólo concuerdas y nunca ofendes, no hay lugar para la discusión o el debate. Seremos reducidos al silencio y a ser controlados por la voz más alta o el más dominante. El Evangelio de Jesucristo es ofensivo porque niega la idea de que estamos bien y no necesitamos a Dios.

Jueves

Personal

Normalmente, cuando hablamos de algo personal nos referimos a nosotros mismos. Bíblicamente, incluye al otro. Dios es un Dios personal. No es una persona, sino tres. Dios es personal porque desde antes del comienzo del tiempo ya se relacionaba. La imagen de Dios es "ellos". Todo lo creado era bueno, pero no era bueno que Adán estuviera solo porque Dios no está solo. Jesús es un Salvador Personal porque es personal y nos salva, no porque yo personalmente crea en Él. Lo personal no empieza conmigo; empieza con Dios, el cual es Amor. Confía en Él.

Viernes

La nube de Gloria

Encontramos la nube de la gloria de Dios o de Su presencia a lo largo de las Escrituras y es un punto de encuentro entre las dimensiones naturales y las sobrenaturales. La Nube nos ayuda a entender muchos acontecimientos, como la zarza ardiente, el Éxodo, el humeante Monte Sinaí, la presencia de Dios en el templo y en el tabernáculo, la estrella de Belén, la transfiguración, la ascensión, la conversión de Pablo y la segunda venida de Jesús. La experiencia de la Nube se vive como fuego, luz, oscuridad o estrella y nunca es vapor de agua. La experiencia de la Nube parece ocurrir mientras estamos despiertos y a menudo incluye una voz. Que Dios nos ayude a ver más la escena completa. Amén.

Semana Veintitres

Lunes

Conocer a Jesús

Conocer a Jesús incluye varias cosas: obtener información y enseñanzas correctas sobre Él y vivir con Él obedeciéndole e imitándole. Hay gente que tiene mucha información sobre Jesús, pero no viven una experiencia de cambio o sanidad. Hay otros que tienen muchas experiencias con Jesús, pero no saben mucho de Él. Es fácil saber de qué lado estamos. Una vida cristiana sana requiere que prestemos más atención al lado que tenemos más descuidado. Que Dios nos guíe y bendiga y haga que nuestras vidas sean más completas. Amén.

Martes

Meditación

La meditación es una actividad cognitiva no lineal. Ocurre en una esfera o campo de fuerza. La meditación no cristiana se centra en uno mismo y no lleva a ninguna parte. La meditación bíblica es más pasiva que la reflexión o la oración. Implica que estemos abiertos a nuevas ideas que obtenemos del Espíritu Santo y de la Biblia sobre Dios y sobre la vida. Se centra en partes del carácter de Dios, como su amor infalible o su poder infinito, los cuales son misteriosos y no pueden ser entendidos completamente por la mente racional. Otras formas de meditación pueden ser terapéuticas, aunque de modo limitado. La meditación cristiana está conectada con la oración y forma parte de una vida completa en Cristo.

Miércoles

Visión estérea

Tener la mente de Cristo incluye tener una visión estérea única de la realidad. Podemos mirar los acontecimientos y las circunstancias que vivimos con un microscopio. También podemos mirar las promesas de Dios con un telescopio. La visión cristiana usa el microscopio y el telescopio a la misma vez, dándonos así una visión estérea real. Enfoca tu vida con la eternidad de Dios y aplica las promesas de Dios a tu vida al mismo tiempo. No cambies del uno al otro. El Espíritu Santo nos da una visión clara y profunda. Pídela y úsala.

Jueves

Ora constantemente

¿Cómo oramos constantemente? Si estamos hablando con Dios todo el tiempo, no podemos hablar con nadie más. Quizás esta situación es parecida a lo que ocurre en la escuela o en el trabajo. No estamos hablando con el profesor o con nuestro jefe todo el tiempo, pero ellos están en la misma sala y todo lo que hacemos está relacionado de alguna manera con ellos. Ellos son nuestra referencia y guía en lo que hacemos. Dios está siempre en la sala y Él es el Jefe. Todos nuestros pensamientos, nuestras acciones e interacciones se pueden poner de acuerdo con Dios y pueden tener un significado sólido y eterno.

Viernes

Oración II

La oración no es meditación, contemplación, pensamiento, imaginación, sentimiento, acción o trabajo, comunión con la naturaleza, experiencia extática o transcendental, unión con el "TODO", ritual silencioso o magia. La oración no es algo natural, sino que nos ha sido dada por Dios como parte de nuestra vida espiritual plena con Él. La oración es la comunicación personal entre una persona y otra Persona. La oración es lenguaje- directo, definitivo y comprometido. En la Biblia, el pueblo de Dios habla con Él usando el lenguaje ordinario. Dios nos habla a través de Su Palabra y de Su creación. Podemos responder hablando con Él sobre Su Palabra que nos trae vida. Vuélvete a Dios. Trae tus palabras.

Semana Veinticuatro

Lunes

Belleza

El diccionario nos dice que la belleza es algo atractivo, principalmente a la vista, pero también en su utilidad o conveniencia. Esa clase de belleza es algo completamente subjetivo para un individuo o para una cultura. La Biblia pone la belleza dentro del contexto de la santidad o de aquello que es atractivo a Dios: la humildad, la fidelidad, la obediencia, el servicio. Jesús no era físicamente atractivo en su cuerpo terrenal, pero su belleza es completa y eterna. La belleza que no es atractiva para Dios terminará un día. La belleza del Reino de Dios es eterna. Podemos hacer y crear cosas que son bellas en ambos sentidos. Intenta verlo todo siempre dentro del contexto de la vida y la belleza eternas.

Martes

Visible e invisible

"Porque como el cuerpo sin espíritu está muerto, así también la fe sin obras está muerta." Santiago 2:26. El cuerpo físico, visible, está muerto sin el espíritu invisible. La fe invisible está muerta sin los hechos visibles. Lo visible y lo invisible van juntos y trabajan juntamente por la vida. No puedes ser espiritual sin un cuerpo físico. Tu cuerpo físico no puede vivir sin el espíritu. El diablo quiere que escojamos entre uno u otro. Jesús quiere que tengamos los dos. Elige una vida completa en Cristo. Mantén las partes visibles y las invisibles de tu vida coordinadas, con la ayuda de Dios.

Miércoles

Guía

La Voluntad de Dios es perfecta y Él quiere que tomemos decisiones responsables. Los cristianos cometen dos errores cuando toman decisiones: 1. Las tomamos por nuestra parte, sin ninguna referencia a Dios. 2. Esperamos que Dios nos diga exactamente lo que tenemos que hacer para poder echarle la culpa si algo sale mal. Si decimos que "Dios me lo dijo", nadie puede discutir nuestra decisión sin involucrar a Dios. No hay decisiones perfectas, sino decisiones responsables. Dios nos guía a través de las Escrituras, de las visiones, de los sueños, de las finanzas, de lo que nos dicen otros, de las circunstancias y de mucho más. También somos libres y responsables.

Jueves

El significado del significado

Significado significa relaciones. Eso implica que nada tiene significado por sí mismo. El significado del color rojo no está en el color rojo, sino en su relación con el color verde, el azul, el amarillo, etc. El significado de Adán en la historia de la creación no se encontraba justamente en él mismo (no es bueno que el hombre esté solo). El significado de Adán se encuentra en su relación con Dios (aunque no es suficiente) y con Eva. El significado de Jesús no está en Jesús, sino en su relación con el Padre y con el Espíritu Santo. El significado es una función del amor.

Viernes

Cómo sabemos y conocemos

Saber el significado de las palabras y comunicarlas es algo esencial pero inadecuado para conocer la verdad. Conocer a nuestros amigos es más que conocer sus nombres y lo que significan. Podemos conocer racionalmente, por experiencia, emocionalmente, socialmente y por revelación. Si esperamos mucho del lenguaje nos vamos a frustrar. Si no nos comprometemos con lo que decimos, seremos unos descuidados e inestables. El lenguaje debe ser atesorado fielmente y usado dentro del contexto de otras formas de saber. Todas nuestras formas de saber están fundadas y apoyadas por el conocimiento que tiene Dios de nosotros. El saber empieza con Dios.

Semana Veinticinco

Lunes

No lo sé

El decir "no lo sé" es un gran poder liberador de la fe cristiana. La gente que no tiene la paz de Dios se siente presionada a saberlo todo y a tener la razón todo el tiempo. La gente se avergüenza de su ignorancia, pero la verdadera pena es fingir el conocimiento. Necesitamos conocer a Jesús y eso no es sólo un conocimiento intelectual o racional. No puedes buscar la sabiduría si no eres consciente de que no la tienes. Poca gente desea saberlo todo. Cuanto más te das cuenta de que no lo sabes todo, más rápido aprendes y ganas sabiduría.

Martes

Fundamentalismo

Todos somos fundamentalistas y tenemos principios fundamentales por los que entendemos el mundo y la vida. Los fundamentos que afirmamos y los fundamentos por los que llevamos a cabo nuestra vida son a menudo diferentes. Para un humanista, es fundamental que la gente sea buena; para un postmodernista, es fundamental que la gente se invente a sí misma; para un comunista, es fundamentalmente más importante la distribución equitativa que la producción; para un capitalista, la financiación y la libertad son básicas; para un cristiano es fundamental que la Verdad sea revelada y para un ateo, lo básico es que la verdad no es revelada sino descubierta. ¿Cuáles son los fundamentos de tu vida? ¿Eres fiel a ellos o eres inconsistente?

Miércoles

"Sé lo que me gusta"

Toda forma de vida sabe lo que le gusta. La mayoría de nuestros gustos no tienen sentido y no son racionales. Podemos fingir que nos gusta algo porque "se espera que nos guste". El que no nos guste algo no significa que no lo entendamos o apreciemos. Si a una persona le gusta algo que a nosotros no nos gusta, nos parece raro. Puede que no puedan explicarnos por qué les gusta eso. Gustar significa disfrutar o sentir atracción por algo. Disfrutamos del pecado, si no fuera así no lo haríamos. El que nos guste algo nos informa acerca de nosotros mismos, no sobre aquello que nos gusta.

Jueves

Fuerte y Débil

Cada uno de nosotros tiene puntos débiles y puntos fuertes, frutos del Espíritu fuertes y otros débiles. Fortalecer lo que ya es fuerte es natural. Fortalecer lo que es débil es espiritual. Dios quiere que fortalezcamos lo que es débil para que nos convirtamos en gente santa y completa. Si nuestro conocimiento es fuerte, deberíamos fortalecer la experiencia. Si nuestra experiencia es fuerte, deberíamos fortalecer el conocimiento. Fortalecer lo que es débil es avanzar con temor hacia lo desconocido. Que Dios nos ayude a caminar por fe y a tomar la mano de Jesús. Amén.

Viernes

Lenguaje 2

La Palabra de Dios es fiel, está comprometida y vale la pena guardarla. Nuestras palabras deberían ser también fieles, comprometidas y válidas porque estamos hechos a la imagen de Dios. No nos sirve de nada que Jesús nos diga: "Es guay si te perdono tus pecados, si te mola o lo que sea". Tenemos un sentido natural muy fuerte de una libertad excesiva del uso del lenguaje (son sólo palabras). El Espíritu Santo nos da un sentido espiritual de compromiso y de confianza en el lenguaje. Tenemos una batalla muy grande para ser fieles al lenguaje y tener cuidado de cómo lo usamos porque los pecados que cometemos con el lenguaje se han convertido en costumbres. ¡Ten ánimo!

Semana Veintiseis

Lunes

Identidad

Id-entidad. Algo propio. Esto no es suficiente para la vida en el Reino de Dios. La identidad de Jesús se halla en Su relación con el Padre y con el Espíritu Santo. Nuestra identidad está en nuestra relación con Dios y con otras personas. La identidad verdadera va más allá del ego. La imagen de Dios es ellos, no él o ella. Identifícate a ti mismo a través del amor, no tanto a través de una autodescripción. Señor, ayúdanos a darnos cuenta de que nuestra identidad no se encuentra en nosotros mismos sino en nuestras relaciones, las cuales Tú creas y sustentas. Amén.

Martes

Jesús es la respuesta

Los niños de la escuela dominical pronto aprenden que "Jesús" es la respuesta a la mayoría de las preguntas. De hecho, eso es una verdad grande. El significado de la creación, el diluvio, la torre de Babel, el llamamiento de Abraham y la historia del pueblo judío, la ley del Antiguo Testamento y la vida humana en general se encuentran solamente en Jesús. Cuando entendemos a Jesús lo entendemos todo. Jesús es el centro de todas las cosas y da significado a todo. El centro no es un punto o un círculo egocéntrico, sino una Cruz y una Persona radiante que nos recibe con los brazos abiertos.

Miércoles

Justicia y amor

La justicia y el amor son muy similares. En la Biblia, la palabra "justo" no sólo significa equitativo y razonable. Significa apropiado y adecuado. Un ángulo justificado se ajusta al marco de la ventana. Una persona justificada se ajusta al marco del carácter de Dios y le pertenece a Él. Amar es escoger aquellas acciones que animan y apoyan a nuestros seres queridos para que lleguen a ser las personas que Dios quiere que sean. La justicia y el amor van juntas y trabajan para el bien común. Es difícil imaginar una sin la otra. Jesús nos justifica a través de su Amor. Vive como Jesús.

Jueves

Aprendiendo de nuestras emociones

Dios creó nuestras emociones. Son muy valiosas y aprendemos mucho de ellas. De igual manera, el pecado las ha estropeado y quebrado y a menudo nos engañan. Las emociones nos enseñan mucho acerca de nosotros mismos- nuestros deseos, gustos, temores y placeres. Las emociones y las experiencias son la mitad de la verdad. La otra mitad son los hechos y el significado, los cuales son independientes de nuestras emociones y experiencias y las complementan. Matar nuestras emociones es matarnos a nosotros mismos. El igualar nuestras emociones con la Palabra de Dios y la Verdad es conocer el bien y el mal y morir.

Viernes

Límites de la libertad

Mi libertad para darte un puñetazo termina en tu nariz. Mi libertad de expresión termina en la mentira y en la difamación. Cuando entendemos y respetamos las leyes de la mecánica, la física y la aerodinámica tenemos la libertad de volar a través del océano. Si ignoramos o violamos esas leyes nos caemos del cielo. Si nos salimos de los parámetros que Dios nos da para vivir, nos encaminamos hacia la muerte. Nosotros escogemos algunos límites. Algunos de ellos han sido puestos por Dios o por la sociedad en la que vivimos. Si intentamos vivir tan sólo dentro de los límites que elegimos, nos destruiremos a nosotros mismos y a otros.

Semana Veintisiete

Lunes

Líbranos del mal

No hay nada en nuestra vida, ninguna cosa que nos pase y ninguna cosa que hagamos, que no le interese al diablo. Siempre encuentra una oportunidad para llevarnos a la muerte. Podemos resistir al diablo cuando nos acercamos a Dios pidiendo Su protección. Si tenemos esa actitud y la practicamos constantemente, Dios nos guardará en sus brazos y nos dará libertad para vivir nuestras vidas sin que el mal nos disturbe. Esto hará que nuestras imperfectas decisiones sean lo mejor posible. A Dios le interesa todo aspecto de nuestra vida. Vuélvete a Él. Dios es Amor.

Martes

El guardador de nuestro hermano

Muchos cristianos han sufrido bajo el peso de guardar a su hermano. Dios no le dijo a Caín que él era el guardador de su hermano. Caín sabía que sólo Dios puede guardarnos, por lo tanto, su pregunta era cínica cuando dijo "¿Soy yo acaso guarda de mi hermano?". Todos tomamos nuestras propias decisiones y vivimos con las consecuencias. Nuestra responsabilidad es amar a nuestro hermano y pedir a Dios que le guarde. Debemos cuidarnos, apoyarnos y orar los unos por los otros, pero no guardarnos. No somos los guardadores de nuestro hermano- bastante duro es ser su hermano.

Miércoles

Preocupación

Se nos manda que no nos preocupemos. Eso es difícil, porque hay muchas cosas que nos amenazan, nos estresan y nos confunden. Queremos saber el futuro y es difícil confiar en Dios acerca de lo desconocido. Cuando nos preocupamos por las cosas, a menudo pensamos que estamos siendo más responsables que cuando decimos "no" a la preocupación y confiamos en Dios. Cuando confiamos, tenemos más energía y estabilidad para ser responsables. Ser sabios significa ver la diferencia entre las cosas sobre las que podemos realmente hacer algo y aquellas sobre las que debemos confiar en Dios pasivamente. Ora por sabiduría. Dios quiere que la tengas.

Jueves

Ángeles

Las partes naturales y las sobrenaturales de la realidad están interconectadas. Los ángeles (Malaquías) son mensajeros de Dios. La gente ve ángeles en distintas formas: en el fuego, en una voz, en una persona con o sin alas. Lo sobrenatural actúa en lo natural de forma impredecible. La mayoría de las personas viven alguna experiencia con ángeles, a veces sin saberlo. Los ángeles pueden manifestarse de manera física, pueden intervenir en el espacio físico e incluso pueden comer con otras personas. Los ángeles introducen lo sobrenatural en lo natural para enseñar, advertir, animar, anunciar. Es bueno estar abierto a los mensajeros de Dios. Cuando llevas la Palabra de Dios y Su Gracia a otras personas estás sirviendo como un ángel.

Viernes

Pacto

Un pacto es como una oferta de trabajo del Dueño de una compañía. El Dueño nos ofrece pertenecer a una comunidad, protección, seguro, trabajo productivo y un plan de jubilación. El Dueño se da a Sí mismo en principios éticos, los cuales son una expresión de Sí mismo y nos da la labor de compartir Su Verdad por todo el mundo. Lo que se espera de nosotros es que creamos que el Dueño y la empresa son buenos y verdaderos y que nos comprometamos a vivir dentro de las pautas de la compañía. No se puede vivir en la empresa con diferentes normas. No podemos guardar el pacto perfectamente, pero Jesús lo ha guardado y podemos beneficiarnos de Su perfección.

Semana Veintiocho

Lunes

Confianza y seguridad

En tiempos de crisis y estrés como lo es la pandemia del Coronavirus de 2020, es difícil estar confiados. Los gobiernos cometen errores, cualquier persona con la que nos encontremos nos puede contagiar, los que controlan nuestra vida en las redes tienen agendas diferentes. No podemos ver ni entender todos los detalles. Pero podemos ver la visión completa en la Persona de Dios y en Sus promesas. Nos promete guardarnos para que nada nos separe de Él. Todos los detalles estresantes y desconcertantes de nuestras vidas tienen significado verdadero en la perspectiva de las promesas eternas de Dios. Fija tus ojos en Jesús. Piensa en Su poder y su fidelidad y ten paz.

Martes

La Fe

La fe es creer en lo que no vemos ni entendemos. La fe y el conocimiento trabajan juntos y se complementan mutuamente. Sabemos que nos gusta el chocolate por experiencia. Sabemos que 2+2=4 a través de la observación y la lógica. Sabemos que debemos parar en un semáforo rojo por tradición cultural. Sabemos que le gustamos a nuestro amigo por observación y fe. Sabemos que la Biblia es verdad porque su historia y su ciencia son correctas, no se contradice a sí misma y describe la vida humana tal y como es. También se puede conocer por fe y por experiencia. La fe y la ciencia son amigas. Prueba y ve qué te parece.

Miércoles

La gratitud

Una de las expresiones más comunes hacia Dios en la Biblia es la gratitud o la acción de gracias. Es lógico, porque debemos nuestra existencia y sostenimiento a Él. La gratitud es una respuesta racional y un compromiso apropiado en la realidad de Dios. También es una emoción, aunque a menudo no se reconozca como tal. A veces nos sentimos llenos de gratitud y debemos cultivar este sentimiento. La gratitud inunda todo nuestro ser en una atmósfera de salud y bienestar. La gratitud es enemiga del estrés y la ansiedad. No imaginamos cosas por las que estar agradecidos. La gracia inmerecida de Dios es constante.

Jueves

Victoria en las crisis

En el año 2020 nos estamos dando cuenta de la necesidad que tenemos de que Dios nos proteja y nos sane del coronavirus y de los efectos secundarios sociales y económicos. Traigamos a Dios nuestras otras áreas que necesitan protección y sanidad: nuestra tendencia a preocuparnos, nuestros miedos infundados, nuestras actitudes de prejuicio y reproche, dando interpretaciones negativas o paranoicas a cosas que dice o hace la gente, siendo parte del problema en vez de parte de la solución. Si somos capaces de cambiar y ser curados de estos problemas, este tiempo de coronavirus será un tiempo de victoria en nuestras vidas y en nuestras relaciones.

Viernes

El amor como propósito

Dios nos da los dones de habilidad, conocimiento, profecía, sanidad, discernimiento, hablar en lenguas, así como la paciencia, la amabilidad, la bondad, la fe y la mansedumbre. El propósito de estos dones no es guardárnoslos para nosotros mismos. Se nos dan como herramientas que nos ayudan a amar. El amor no es una emoción. Las emociones salen de nuestro interior, no son cosas que elegimos hacer. Amar implica tomar una decisión y actuar para animar, ayudar y apoyar a otros a ser cada día más como Cristo. Cuando amamos estamos ayudando a otros a ser como Dios quiere que sean. Ama a tu prójimo como a ti mismo.

Semana Veintinueve

Lunes

¿Y qué pasa con aquellos que nunca han oído? (Parte II)

El reconocer que necesitamos a Dios es esencial para la salvación. Cualquiera que sepa eso y busque a Dios será salvo. Tener una Biblia y oír el evangelio no es suficiente. Dios usa diversas maneras de hacer saber a la gente que tienen necesidad de Él: la Biblia, otras personas, la creación que nos muestra lo inconsistente e infieles que somos, la convicción del Espíritu Santo. Dios no controla la respuesta de la gente. Algunos le rechazan, aunque Dios nos dice a todos que le necesitamos. Es importante que otros oigan de nosotros acerca de la verdad y el amor de Dios a través de Jesucristo.

Martes

Varón y hembra

La idea de que las personas son varón o hembra limita nuestra libertad. La idea de que la gravedad sólo tira hacia la tierra también limita nuestra libertad. Nuestras limitaciones nos definen e identifican tanto como nuestras posibilidades. Si no hay limitaciones no hay identidad. La Biblia dice que Dios predispuso hacer el varón y la hembra a Su Imagen. La ciencia biológica y genética confirman la polaridad genética de los animales. La Biblia y la Ciencia están de acuerdo. El género es algo que recibimos, no algo que escogemos o inventamos. Las alternativas imaginarias de género son construcciones sociales y psicológicas.

Miércoles

El guardador de tu hermano

Cuando Caín mató a Abel, Dios le preguntó: "¿Dónde está tu hermano Abel?". Caín respondió: "No lo sé. ¿Soy acaso guarda de mi hermano?". Este pasaje ha sido usado para presionar a los niños a ser responsables de sus hermanos. La idea es que debemos ser y somos el guarda de nuestro hermano. Pero Caín usaba el cinismo. Él sabía que Dios era el guarda de su hermano y con su pregunta lo que quería decir era: "¿Soy yo Dios para cuidar de mi hermano?". Dios es nuestro guardador (Filipenses 4:7). Ser el guardador de tu hermano es una carga absurda. Ya es bastante difícil ser hermano.

Jueves

Nuestro Ser básico

Muchas personas tienen problemas con su "identidad". ¿Somos acaso nuestras habilidades, nuestra belleza, nuestros fallos, nuestras carreras y trabajos, nuestra riqueza y posesiones, nuestra naturaleza, nuestro victimismo? Ninguna de estas cosas es estable o adecuada. Nuestra identidad verdadera y básica se encuentra en la Voluntad y el Amor de Dios que ha existido desde antes de la creación del tiempo. Dios quiere que seamos como Él en nuestras relaciones con Él y con otros. No se trata de "pienso, entonces existo", sino "soy amado, entonces existo". No luches por inventarte a ti mismo o por "identificarte" como algo. Vive en paz y deja que Dios te identifique.

Viernes

Migración

1. Accedemos a la vida a través del nacimiento y vivimos en una condición de muerte debido al pecado.

2. Luego podemos pasar de muerte a vida a través de la fe en Jesucristo.

3. Después pasamos de vida a muerte a través de la muerte natural.

4. A continuación, pasamos de muerte a vida con la aparición de Jesús y la restauración de todas las cosas.

Todos pasamos por las fases 1 y 3. Las fases 2 y 4 son opciones abiertas provistas por

Dios. Algunos rechazan las fases 2 y 4, lo cual es algo muy triste. ¿Dónde estás tú en ese proceso? Asegúrate de no saltarte ninguna fase.

Semana Treinta

Lunes

La Mente de Cristo

La mente es un elemento misterioso del ser que, entre otras actividades y en el caso de los seres humanos, usa el cerebro como herramienta para observar y entender la realidad. Vemos la realidad en episodios o de una forma linear y narrativa, proyectando nuestra experiencia como algo real o viviendo y participando en una realidad que se nos ha dado. La Mente de Cristo es completa, objetiva y subjetiva, temporal y eterna. El ojo de la Mente de Cristo es único o holístico, por lo que nuestro cuerpo entero está lleno de luz. Ora para tener la Mente de Cristo.

Martes

Desconfianza

La confianza es algo muy valioso, poderoso y frágil. La confianza en Dios es algo fundamental para la fe cristiana y para la vida. El diablo ataca constantemente la confianza para destruirla. Nos dice: "Así que Dios ha dicho…?". "Convierte estas piedras en pan". "Salta de un edificio para que Dios pruebe Su fidelidad". Durante la pandemia de la COVID debemos orar y luchar contra el aumento de desconfianza. La confianza es el fundamento de sociedades y economías. La amenaza contra la confianza es un gran peligro para todos nosotros. Esfuérzate en ser una persona fiable en lo que dices y haces. Sé parte de la solución.

Miércoles

En las Nubes en el Aire

"Luego nosotros los que vivimos, los que hayamos quedado, seremos arrebatados juntamente con ellos en las nubes para recibir al Señor en el aire, y así estaremos siempre con el Señor." La "nubes" no son vapor de agua. Son la gloria de Dios y Su Reino, viniendo a la tierra con Jesús cuando Él aparezca, y de esa manera contestando la oración "venga Tu Reino, hágase Tu voluntad así en la tierra como en el cielo". "Así" significa en la Nube de la presencia y la gloria de Dios- en la tierra para siempre.

Jueves

Nada es seguro

Su prioridad número uno era su seguridad y su protección. Pensaba que su trabajo era seguro, pero veía gente a su alrededor perdiendo los suyos. Pensó que su banco era seguro, pero leyó sobre escándalos y fracasos. Pensaba que su iglesia era segura, pero la gente cotilleaba y se peleaban y competían unos con otros. Pensaba que su salud y su seguro de vida eran seguros, pero había complicaciones. Se temía que nada ni nadie era digno de confianza. Entonces se acordó de que Jesús había demostrado su credibilidad al morir por ella y había prometido estar con ella siempre. Asentada sobre este fundamento era capaz de afrontar todo lo demás.

Viernes

Parábola de una víctima

Había una vez un hombre que tenía varias dificultades personales y empresariales. Se le había enseñado que él era una víctima y que tenía derechos y legitimidades. Se preguntaba por qué Dios no le había dado lo que se merecía. La idea de que él fuera culpable de algo le resultaba una carga intolerable de deuda. Entonces se dio cuenta de que se podía permitir el lujo de ser culpable porque Jesús ya había pagado por todo. Podía encarar su propia responsabilidad por su vida libre y realísticamente, sabiendo que cualquier peso de culpa podía ser quitado de él. Así comenzó su sanidad.

Semana Treinta y Una

Lunes

La gente es buena

Necesitamos bondad en nuestras vidas y en nuestro mundo. Esto hace que las personas manifiesten y crean que la gente es buena. Eso es una fantasía peligrosa, como el anunciar que las serpientes venenosas no son peligrosas. Si la gente es buena no necesita a Jesús, lo cual es una mentira terrible y mortal. Necesitamos una bondad perfecta y absoluta. Por desgracia, la gente no es lo suficientemente buena, pero por fortuna Dios sí lo es. Sólo Dios es bueno y es la medida de la bondad, no nuestros gustos, placeres o bienestar. Dios puede convertirnos en buenas personas si le dejamos porque Él es todopoderoso y auténticamente bueno.

Martes

A.C.A.S.

Para guiarnos en la oración.

A.- Adoración. Al igual que muchas oraciones en la Biblia, es bueno empezar la oración alabando y adorando a Dios.

C.- Confesión. Es bueno confesar nuestros pecados a Dios para renovar nuestra justificación y para que nuestra comunicación con Él sea limpia.

A.- Agradecimiento. Tenemos muchas razones por las que estar agradecidos. Es bueno y saludable recordar y agradecer la bondad que Dios tiene para con nosotros.

S.- Súplica. Finalmente, podemos pedir cualquier cosa dentro de la voluntad de Dios.

Miércoles

Bondad personal

Hoy en día, los humanistas nos enseñan que debemos dar valor a nuestra bondad personal y debemos respetarnos a nosotros mismos. El apóstol Pablo nos enseña que nuestras buenas obras o nuestra bondad son como trapos sucios. Jesucristo pone a nuestra disposición la bondad verdadera. Podemos ser realmente bondadosos en Él y tener una esperanza realista, gozo y gratitud. La bondad y la vida no proceden del mundo natural creado o de nuestra propia naturaleza, sino del Creador. Si somos humildes y pobres en espíritu, podemos recibir de Jesús todo lo que necesitamos para la bondad y la vida. Confía en Él y sé feliz.

Jueves

Visión clara

En Mateo 6:19-24, Jesús dio dos ejemplos de una realidad divida: acumular tesoros en la tierra o en el cielo y servir a dos señores: a Dios o al dinero. La solución al problema se encuentra entre estos dos ejemplos. Si tu visión es clara, si eres capaz de ver la realidad como un todo, arraigada en el poder de la Palabra de Jesús, en vez de dividida, estarás lleno de luz. Si tu ojo es malo, verás la realidad dividida y en conflicto. Que Dios nos ayude a ver la realidad unificada en Su verdad y en Su amor. Amén.

Viernes

La oración y el ciclismo

Había una vez un adolescente que leía muchos libros y artículos sobre el ciclismo. Pensaba que sabía mucho sobre el tema. Un día se subió a la bici de un amigo y se cayó. Entonces se dio cuenta de que el verdadero conocimiento implica la acción. Otro día empezó a leer muchos libros y artículos acerca de la oración y el amor al prójimo y pensó que sabía mucho sobre el tema. Comenzó un blog sobre la oración y muchos participaron en la discusión. Entonces empezó a sentirse solo y aislado y se dio cuenta de que en realidad necesitaba orar de verdad y amar a la gente en persona.

Semana Treinta y Dos

Lunes

Predestinación

Dios toma decisiones en la eternidad con repercusiones en todo el tiempo. Puede ver y conoce el tiempo desde su comienzo hasta su final porque Él lo hizo. Nos ha conocido desde antes de que naciéramos. Su conocimiento del futuro y la predestinación trabajan juntos. Tomamos decisiones en el tiempo y siempre se nos invita a escoger a Dios. Desde la perspectiva del tiempo, siempre podemos vivir con esperanza. Sabemos que Dios nos ha escogido o predestinado cuando le escogemos a Él, lo cual no podríamos hacer sin su ayuda y llamamiento. Si le escogemos, Él nos acepta. Escoge a Dios.

Martes

Justicia y misericordia

La justicia, por sí sola, implica equidad e imparcialidad. La gente piensa que significa obtener lo que se merecen. Esto realmente no es algo aparentemente positivo, porque, si somos pecadores, lo que merecemos es la muerte. A la gente sólo les interesan sus derechos. Si somos pecadores, ¿cuáles son nuestros derechos? El único derecho que tenemos es morir porque la paga del pecado es muerte. ¡Qué maravilla que Dios no nos ofrece ni justicia ni nuestros derechos! Nos ofrece misericordia y vida. Cualquiera que piense que se merece la salvación, es muy probable que no la obtenga. Sé humilde y confía en Dios.

Miércoles

Enfoque

Hay muchas cosas, personas y circunstancias que nos invitan (o nos tientan) a concentrarnos en ellos. Algunas cosas que son urgentes ocupan toda la atención de nuestra conciencia y ocultan el resto. Cuando nuestra atención se centra en una necesidad particular, un temor o un deseo, la imagen se vuelve borrosa y distorsionada. Cuando nuestra atención se centra en Jesús, todas las cosas se enfocan con claridad. Jesús nos da un significado claro y un propósito a todas las cosas que hay en nuestra vida. Sabemos dónde estamos y a dónde vamos cuando, igual que cuando vemos la luz al final del túnel, nos enfocamos hacia Su Palabra.

Jueves

Teología

La Teología es el estudio de Dios. Necesitamos que los teólogos estudien, interpreten y apliquen la Palabra de Dios para que sepamos cómo vivir en Su Reino. A menudo, la teología se convierte en el estudio de otros teólogos. A veces se desconecta académicamente de la vida cotidiana. Dios es Amor. Si el estudio de la teología no conduce a amar más a Dios y a la gente, ha perdido su propósito. El propósito y enfoque de los estudios teológicos deben siempre ser el amor a Dios y a nuestro prójimo.

Viernes

Confianza

El único que es totalmente fiable es Dios, Su carácter y Sus promesas. Nuestra imaginación no es fiable. Todo y todos nos traicionan de una forma u otra y por ello estamos dañados y mermados. Gran parte de las enfermedades mentales están relacionadas con la falta de confianza. Ser fiable es una forma de ser sal y luz en el mundo. La confianza es frágil y se daña fácilmente. La confianza en Dios nos sana. Cuando somos constantemente fieles en lo que hacemos y decimos, contribuimos al capital social de nuestra cultura. La confianza es parte del Reino de Dios. Ora y trabaja por ella.

Semana Treinta y Tres

Lunes

El mínimo de fe

La gente se convierte al cristianismo por muchas razones, emociones y circunstancias. Una razón para creer en el cristianismo es que se necesita menos fe para creer en él que para creer en otra cosa. Se necesita fe, pero fe como un grano de mostaza, no fe como un coco. Nuestra fe puede ser pequeña pero viva y creciente y fructífera porque el cristianismo da respuestas claras a más preguntas que otros sistemas religiosos. Se necesita más fe para creer que la gente es buena o creer en la evolución o en el comunismo o el racionalismo o el materialismo o la astrología. Escoge la fe racional. Escoge el cristianismo.

Martes

Leer y escuchar

Es muy difícil leer y escuchar con claridad porque nuestras expectativas y suposiciones lo confunden todo. Cuando la gente nos habla y lo único que oímos es nuestra voz, la conversación es imposible y acabamos solos y alienados. Cuando leemos lo que queremos de un texto en vez de lo que realmente dice, también terminamos hablando con nosotros mismos. El amor no es egocéntrico. Si sacrificamos nuestra agenda y nos concentramos en el otro, nuestro entendimiento aumentará y ambos seremos bendecidos. No tenemos por qué estar de acuerdo con lo que oímos o leemos, pero necesitamos mirar más allá de nosotros.

Miércoles

Perdón

Perdonar significa pagar la deuda de otra persona. Una persona que nos hace daño o chismorrea de nosotros no puede pagar esa deuda. Lo único que podemos hacer es pagar nosotros mismos esa deuda, obteniéndolo del Banco de Jesús, el cual ha pagado por todos. Se dice que el perdonar es buena terapia para desatarnos de lazos negativos. El perdón cristiano no es así. No necesitamos que Jesús nos perdone para que se separe de nosotros. El perdón es para la sanidad y la restauración de las relaciones. El perdón verdadero es imposible sin fe en Dios, el cual hace posible el perdón.

Jueves

Invertir en la oración

Normalmente, la inversión siempre implica riesgo, tanto si invertimos en compañías o en relaciones personales. Cuando oramos corremos el riesgo de no obtener lo que pedimos o de confundirnos. Pero no hay peligro de que Dios no nos bendiga o haga nuestras vidas más auténticas cuando oramos. La oración es un tesoro. Allí donde esté nuestro tesoro estará también nuestro corazón. Cuando invertimos en otras personas al orar por ellos, la actitud de nuestro corazón hacia ellos cambia porque hemos invertido en ellos. Intenta orar por personas que te molestan y averigua qué pasa.

Viernes

Pobre

Había una vez un hombre que era cristiano y sabía mucho sobre el cristianismo. Tenía altibajos en su vida y los llevaba a Dios en oración. Un día fue abatido por una depresión fuerte que le desesperó y le convirtió en un cínico. En su necesidad desesperada y confusa, clamó a Dios. Poco a poco empezó a ver que su mayor necesidad era la pobreza de espíritu. Cuanto mayor era su conciencia de su pobreza espiritual, más real era el Reino de Dios en su vida. Dios puede usar cualquier cosa para bendecir a sus hijos.

Semana Treinta y Cuatro

Lunes

El mal absoluto

La gente a menudo habla sobre el "mal absoluto". En realidad, el mal nunca es absoluto. El Bien es absoluto. Dios es Bueno y eterno. El mal apareció a través de las criaturas de Dios y existe tan sólo como contraste al bien. El Bien existe independientemente del mal, pero el mal depende del Bien. El mal es un paréntesis distorsionado en la frase eterna del Bien. El Bien es original y absoluto mientras que el mal es derivado y relativo. El mal es destructivo en el tiempo. Si confiamos en Dios, Él nos libra del mal en la eternidad. El Bien vence al mal y lo destruye para que no exista nunca más.

Martes

Examinadlo todo

En la primera epístola a los Tesalonicenses, Pablo nos anima a examinarlo todo para no apagar al Espíritu ni ignorar las profecías. Si afirmamos todo lo que dice ser una profecía, todas las emociones y todas las experiencias con las que nos encontramos, nos salimos del enfoque de la verdad de Dios. El resultado de examinarlo todo debería ser primeramente retener todo lo que es bueno para que podamos identificar lo malo. Si nuestro objetivo es identificar lo malo, vamos a tener problemas para identificar lo bueno. El objetivo del examen es el aumento de nuestro amor.

Miércoles

El problema del bien

Si Dios es todopoderoso y bueno, ¿por qué hay maldad en el mundo? Si no fuera por la bondad de Dios, no sabríamos lo que es el mal. Todo sería normal y natural, como los volcanes, las puestas de sol y las serpientes venenosas. Una pregunta más apropiada sería: si todo tiende a enfriarse y se dirige hacia el caos, ¿por qué existe el bien? La naturaleza no es ni buena ni mala- simplemente es lo que es. El bien y el mal son energías sobrenaturales que trabajan en la naturaleza. El bien es original, empezando con Dios. El mal es una distorsión que Dios está corrigiendo.

Jueves

Hojas de higuera

Adán y Eva descubrieron que estaban desnudos y eran vulnerables cuando decidieron conocer el bien y el mal por sí mismos, en vez de depender de Dios para ello. En lugar de recurrir al Creador en busca de una solución, acudieron a la naturaleza y usaron hojas de higuera para esconderse y protegerse. Esto es igual que poner una tirita en un cáncer. Los humanos seguimos haciendo lo mismo desde entonces. ¿Cuáles son tus hojas de higuera? Considera abandonarla y ora, volviendo a Tu Creador, el cual puede esconderte en Cristo y protegerte de la alienación y la muerte.

Viernes

Nombrar

Durante el proceso de la creación, Dios creó divisiones o categorías y les dio nombre: día y noche, tierra y mar, sol y luna. Luego, cuando dividió a las personas, hechas a Su Imagen, del resto de la creación, les dijo que continuaran el proceso de nombrar, empezando por los animales. Dar nombre establece dominio y posesión. La gente da nombre a los animales y a las plantas. Los animales y las plantas no dan nombre a las personas. Dios es fiel a Su Propio Nombre y a los nombres que Él da. El mal distorsiona y confunde los nombres. No debemos darnos nombre a nosotros mismos, sino que debemos recibir el nombre que Dios nos da. Debemos ser fieles a los nombres que damos.

Semana Treinta y Cinco

Lunes

Emociones fuertes

Muchos de nosotros hemos tenido una emoción fuerte relacionada con un paisaje, un animal o una presencia sobrenatural. Esas experiencias son a menudo emocionalmente fuertes. Si las experiencias y las emociones producen en nosotros amor por otras personas y por el mundo y nos motivan al servicio, probablemente proceden de Dios. Deberíamos seguirlas y guardarlas como memorias inspiradoras. Si las memorias son mayormente sobre nosotros, siguen siendo fuertes y placenteras, pero pueden ser causa de nuestro metabolismo, de nuestra memoria o psicosomáticas. También pueden ser tentaciones para enfocarnos en nosotros mismos. Debemos estar alertas y examinarlo todo.

Martes

Orgullo

¿Por qué es la Biblia tan negativa con respecto al orgullo? Estar orgullosos de nuestras habilidades y nuestros logros es bueno y saludable. El orgullo puede ser algo superficial, como el estar orgulloso por el color de mis ojos o la suavidad de mi piel, las cuales no son habilidades ni logros. El orgullo puede ser vano, que significa vacío o inútil. El orgullo es algo natural, mientras que el ser agradecidos es algo espiritual. El orgullo en otros puede ser bueno pero una persona que "es orgullosa" es egoísta, autodependiente y acaba desmoronándose. El diablo es orgulloso y está muerto y quiere que nosotros también lo estemos. Jesús es humilde y está poderosamente vivo.

Miércoles

Agradecimiento

El agradecimiento verdadero requiere humildad y pobreza de espíritu. El agradecimiento a Dios es infinito, porque cuando estamos agradecidos por ser agradecidos, comenzamos una espiral vertical. Siempre es adecuado estar agradecidos a Dios y a menudo a los demás. Si nos acordamos de qué estar agradecidos, las demás cosas estarán bajo la perspectiva de la Gracia de Dios. Necesitamos tener presente lo malo para poder resistir y perdonar. Ser agradecido nos renueva, nos da energía y es terapéutico. Una pequeña inversión en ser agradecido reporta un gran dividendo en bendiciones. Haz del agradecimiento, especialmente en tiempos difíciles, una disciplina gozosa en tu vida.

Jueves

La verdad y la misericordia

Hay personas que se sienten atraídas por la idea de mejorar sus relaciones diciendo toda la verdad. El ser completamente honesto y no esconder nada puede hacernos sentir puros. Pero la verdad de Dios no es sólo hechos. La verdad sólo vivifica cuando viene junta con el Amor y la Misericordia. Si la forma en la que te suenas la nariz me parece asquerosa, puedo escoger, por misericordia, no decírtelo. La forma en la que la Verdad y la Misericordia trabajan juntas es misteriosa. Necesitamos la sabiduría de Dios para tomar la mejor imperfecta decisión. Que Dios nos ayude a ser lentos para hablar y rápidos para orar. Amén.

Viernes

Preguntas y bendiciones

Los cristianos a menudo comparten sus experiencias y creencias cuando hablan con familiares o amigos no cristianos. Puede que lo que contemos sea verdad, pero es fácil que digan "no" a nuestro testimonio. Es más difícil decir "no" a preguntas. Las preguntas pasan desapercibidas y abren la puerta al Espíritu Santo para que trabaje en la mente y el corazón de las personas. Haz preguntas acerca del don del significado, el propósito, la identidad y deja que ellos piensen acerca de esas cosas. Cuando te hagan preguntas, predica a Cristo, porque tienen hambre. Las preguntas estimulan el apetito. Pide a Dios que te dé preguntas efectivas. Ama a tu prójimo.

Semana Treinta y Seis

Lunes

Tierra, Aire, Fuego y Agua

Dios ama a la Tierra y nos hizo de ella. El cuerpo resucitado de Jesús podía ser tocado; podía comer y trabajar. A través del Aire llega el Viento del Espíritu, el Cual nos señala a Jesús, nos enseña y nos da el fruto santo. El aliento de Dios nos da vida. El Fuego es para limpiar, revelar o destruir. El Fuego nos muestra la aguja en el pajar de nuestros pecados. El Agua destruyó la tierra una vez y ahora nos limpia y refresca. Nuestro Dios es soberano sobre la Tierra, el Aire, el Fuego y el Agua y los usa para obrar Su Voluntad.

Martes

Raza

La raza no parece ser un factor en el Reino de Dios. Dios ama a todos. Todos necesitamos a Dios. Dios parece ser daltónico. Dios es el gran nivelador: los ricos son pobres; los pobres son ricos. Ni el color, historia familiar, educación, religión, antecedentes, ideas políticas, derechos o privilegios parecen tener importancia. No somos salvos o nos perdemos por lo que hay en el pasado sino por lo que hay en el futuro. Todos somos iguales para Jesús. Pensar de otra manera acarrea problemas. La sanidad puede ser dolorosa y temible. Dejemos que el Espíritu Santo nos ayude a entender esto en nuestra mente y en nuestro corazón.

Miércoles

Relevante

¿Es la Biblia relevante en nuestra cultura y sociedad? Esta pregunta da por sentado que nuestra cultura y sociedad son la medida de la verdad y la realidad y se pregunta si la Biblia se puede ajustar a ello. El cristianismo es radical y supone que la Biblia describe la verdad y la realidad. Los valores de la Biblia son absolutos y eternos, mientras que los valores alternativos de cualquier cultura humana son relativos y temporales. Si la Biblia es verdad, deberíamos medir nuestra cultura de acuerdo con los principios bíblicos y no al revés. ¿Tu cultura personal y social son relevantes al Reino de Dios? Piensa en ello.

Jueves

Religión o idolatría

Con el paso del tiempo, los cristianos han ido desarrollando diversas maneras de responder a la salvación de Dios, lo que podemos llamar religión. Incluyen la arquitectura, las liturgias, los rituales, las ceremonias, las tradiciones, las pinturas, las esculturas, las vidrieras, las ropas especiales, los credos, los catecismos, la música y otras cosas. Dios es Amor. El evangelio de Jesucristo es Amor. Debemos recapacitar y orar para saber cómo todas esas prácticas religiosas nos dirigen y apoyan en el amor fraternal. Si lo hacen, son una bendición. Si no, pueden ser una idolatría o un escapismo que nos distrae de la verdad. No abandones la religión, pero asegúrate de que es una bendición para ti.

Viernes

El día de la madre

Esto debería ser un estilo de vida, no un acontecimiento. Uno de los 10 mandamientos dice: "Honra a tu padre y a tu madre". Esto no significa que hay que obedecer como algunos piensan. Obedecer a un padre o madre senil o con demencia no ayuda a nadie. Honrar significa respetar la vida; apoyar, proteger y preservar la vida. Por eso el mandamiento está unido a la promesa, "para que tus días se alarguen en la tierra". Si tus hijos ven que honras la vida de tus padres, ellos también honrarán tu vida. Los padres también pueden ser otras personas mayores, lo cual aumentará el capital social y la bendición de una nación grandemente.

Semana Treinta y Siete

Lunes

Religión

La religión puede ser un sistema de actividades que intentan conectar a la persona con la verdad absoluta o una devoción fiel a ciertos principios básicos (como el comunismo). Normalmente implica lo sobrenatural. La base del cristianismo es que Dios ha conectado con nosotros a través de Su Palabra en la creación, la encarnación de Jesucristo, la Biblia y la actividad del Espíritu Santo. El cristianismo empieza con el acercamiento de Dios hacia nosotros, no con nuestro intento de llegar a Dios y por ello es diferente a la religión. Todo empieza con el Amor de Dios. No empieza con nuestro esfuerzo o sistema. Deja que Dios te encuentre.

Martes

Día de la Ascensión

El día de la Ascensión recordamos el día en el que Jesús fue llevado por una nube al cielo. Esa nube no era vapor de agua, sino la Gloria Shekinah de Dios. Jesús pasó a otras dimensiones de la realidad que no podemos ver, pero no se fue lejos de nosotros. Él dijo dos cosas que concuerdan: "Me voy a ir" y "Siempre estoy con vosotros". El cielo contiene las dimensiones sobrenaturales de la realidad, las cuales están en el mismo lugar que las dimensiones naturales, al igual que la altitud está en el mismo lugar que la longitud y la anchura. Jesús ha ascendido al cielo y está aquí mismo con nosotros. Que Dios use la presencia de Jesús para reconfortarnos y desafiarnos. Amén.

Miércoles

Revelación

Algunos de los acontecimientos que tienen lugar en el libro del Apocalipsis ocurren en la tierra y otros ocurren en el cielo (las dimensiones sobrenaturales de la realidad). Las cosas que pasan en la tierra ocurren en el tiempo, mientras que las que acontecen en el cielo ocurren en la eternidad. El dicho "un día es como mil años y mil años son como un día" describe la relación entre el tiempo y la eternidad. ¿Podríamos medir lo que pasa en el cielo con un calendario? Probablemente no. Los acontecimientos son reales y verdaderos, aunque nosotros no podamos imaginarlos o medirlos completamente. Vivimos por fe y no por vista.

Jueves

El coro de Eclesiastés

"No hay cosa mejor para el hombre sino que coma y beba, y que su alma se alegre en su trabajo" 2:24-25.

"He aquí, pues, el bien que yo he visto: que lo bueno es comer y beber y gozar uno del bien de todo su trabajo con que se fatiga debajo del sol, todos los días de su vida que Dios le ha dado" 5:18.

"Por tanto, alabé yo la alegría; que no tiene el hombre bien debajo del sol, sino que coma y beba y se alegre" 8:15.

"Anda, y come tu pan con gozo, y bebe tu vino con alegre corazón" 9:7.

Viernes

Justificación

Un ángulo recto (90 grados) es recto porque encaja en el marco de la ventana o de la puerta. Ser recto, o justificado en este caso, es ser hecho a la medida correcta para poder encajar en el Reino de Dios y ser más como Él. Deberíamos trabajar en obediencia para poder ajustarnos más a ese modelo. Esa es la parte fácil del proceso de ser justificados. La parte difícil o la parte más importante es que Dios nos dé un corazón nuevo y un espíritu recto y que nos limpie de las distorsiones del pecado a través de la sangre de Jesús, que nos guíe y anime a través del Espíritu Santo. Confía en el papel que juega Dios en tu vida para que tú puedas jugar mejor el tuyo.

Semana Treinta y Ocho

Lunes

Riesgo y confianza

Las riquezas de las naciones y toda relación buena están fundadas en la confianza. Con la confianza hay normalmente algo de riesgo: las acciones pueden perder valor, la plantilla puede reducirse, la pareja puede morir, el amigo puede cambiar, la iglesia puede dividirse. Es bueno que analicemos los riesgos y seamos realistas en cuanto a nuestros deseos y esperanzas. Si nuestras vidas están fundadas y enmarcadas en las promesas de la salvación de Dios y de su cuidado, podemos atrevernos a confiar y a arriesgar. En esto, el riesgo es cero. Dios no va a morir, fallar o cambiar. Vive centrado en la única relación libre de riesgo.

Martes

Milagros

Un milagro es un evento específico que ocurre cuando lo sobrenatural actúa en el mundo natural. Los milagros se pueden entender racionalmente si incluimos lo sobrenatural en nuestra visión del mundo. No se pueden explicar científicamente. Los milagros no son naturales. Podemos pensar en un compartimento de entropía negativa. Algunos milagros son constantes, como la obra del Espíritu Santo en tu vida o cómo Dios te cuida en tus diversas experiencias y circunstancias. Algunos milagros son específicos, como una sanidad o la ceguera temporal y repentina de un guardia de fronteras. El cristiano vive siempre con milagros específicos y milagros generales. Sé conscientemente agradecido.

Miércoles

Tradiciones

Las tradiciones son esenciales para recordar la historia de la salvación de Dios y para el momento actual. Las expresiones culturales y artísticas hallan su lugar en identificarnos con el paso de la historia, que es más largo que nuestras tradiciones. Si las tradiciones ocupan el primer lugar en nuestros corazones, puede que reemplacen el amor a Dios y a nuestro prójimo y se conviertan en ídolos. El Espíritu Santo nos puede ayudar a amar y a beneficiarnos de nuestras tradiciones sin necesidad de adorarlas o de despreciar a otros. Las tradiciones deberían servir a Cristo y a Su amor por todo el mundo. Cristo no está restringido a nuestras tradiciones. Humillémonos para que nuestros corazones y nuestras mentes sean guardados en Jesucristo nuestro Señor.

Jueves

El diezmo

90% es mayor que 100%. Esta ecuación no tiene sentido en la economía mundial. En la economía del Reino de Dios sí tiene sentido. Nuestra riqueza no es tan sólo nuestro dinero, sino también nuestro tiempo, nuestras habilidades, nuestra hospitalidad y nuestra sabiduría. Amamos y servimos a Dios cuando amamos y servimos a otros. Podemos ser creativos con nuestro diezmo, no dándolo todo a una organización para que otros lo administren. Diezmar nos hace más cuidadosos y agradecidos por nuestros recursos. Diezmar hace amigos, edifica la comunidad e invierte en el capital social. Pruébalo y ve lo que hace Dios con ello.

Viernes

Autorreferencia

La autorreferencia se considera algo positivo, especialmente en el arte. De hecho, autorreferente es otra forma de decir pecado y muerte. Dios es absoluta y eternamente referente hacia el otro. El referente de Jesús no es Él mismo, sino el Padre y el Espíritu. Adán y Eva fueron creados referentes el uno al otro. Sus referencias eran Dios y el otro. Se volvieron autorreferentes al conocer el bien y el mal por sí mismos, independientemente. Dios es Amor. El amor no es autorreferente. La vida sólo existe en Dios y en el Amor. Permite que el Espíritu Santo te haga cada vez más referente hacia el otro y recibe más y más vida de Dios.

Semana Treinta y Nueve

Lunes

Actividades espirituales

El Jesucristo resucitado y glorificado es nuestro único ejemplo de una vida espiritual verdadera. ¿Qué fue lo que hizo? Comió y bebió (Lucas 24:36-44, Hechos 1:4). Enseñó historia (Lucas 24:13-27). Trabajó, usó su creatividad y practicó la hospitalidad (Juan 21:4-13). Comer, beber, enseñar, ser creativo y practicar la hospitalidad son actividades espirituales de los cristianos. Las actividades naturales se vuelven espirituales cuando se conectan con lo sobrenatural a través de la oración, la gratitud y la bendición de Dios. Nuestra vida religiosa o ceremonial es parte del resto de nuestras vidas, las cuales son reales y espirituales en igual medida. Espiritual significa ser totalmente real, restaurado, no dividido.

Martes

Conexiones espirituales

Muchas personas se preguntan si las distintas circunstancias y los diferentes acontecimientos tienen una conexión espiritual o sobrenatural. Dos preguntas nos pueden ayudar con esto: ¿hay algo que hagas o que te ocurra a ti que a Dios no le interese? ¿Hay algo que hagas o que te ocurra que no le interese al diablo? Estamos conectados con la parte sobrenatural de la realidad todo el tiempo. La oración está siempre recomendada. No tenemos por qué vivir en una confusión de incertidumbre o preocupación. Estamos en batalla constantemente y debemos incluir siempre a Dios en nuestra situación. Ora sin cesar.

Miércoles

Venga Tu Reino. Hágase Tu Voluntad.

El Reino de Dios no es la Iglesia ni tampoco se encuentra en otro sitio. Jesús dijo que el Reino de Dios se acercaba, aquí, entre nosotros y dentro de nosotros. El Reino de Dios es la Voluntad de Dios. Necesitamos que Su Voluntad esté en nuestro corazón, nuestras relaciones, nuestras comunidades y en nuestro mundo. No podemos hacer mucho por las guerras, el tiempo climático o las elecciones, pero podemos pedir que el Nombre de Dios sea santificado, que venga Su Reino y que se haga Su Voluntad en la tierra ahora. Jesús nos enseñó a orar así.

Jueves

Vida victoriosa

A veces nos sentimos frustrados y desilusionados porque no conseguimos superar ciertos malos hábitos de conducta o actitud. Nos alarmamos porque no crecemos ni en santidad ni en victoria. La fuente real de nuestra salvación no está en nuestros esfuerzos, sino en la gracia de Dios en Jesucristo. A menudo, Dios trabaja en nuestras vidas de formas que no son visibles. Comprueba tu crecimiento en los frutos del Espíritu. Cuando veas que tu amor, tu gozo, tu paz, tu paciencia, tu amabilidad, tu bondad, tu fe, tu mansedumbre y tu auto control están creciendo, entonces sabrás que Dios está trabajando en ti y te animarás a esforzarte.

Viernes

Probar y tentar

La prueba o examen (Dokimazo en griego) busca lo bueno. La tentación (Peirazo en griego) busca lo malo. A veces estas dos palabras se traducen de la misma manera. Dios siempre nos está examinando para probar y demostrar que nuestra fe es robusta y que hemos madurado. Debemos examinarnos unos a otros para descubrir lo que es bueno. Somos tentados a tentarnos unos a otros para averiguar lo que es malo y así sentirnos mejor. Muestra a las personas lo buenas que son y anímales a ser mejores con la ayuda de Dios. Levanta a las personas, no las derrumbes.

Semana Cuarenta

Lunes

Los deseos del corazón

"Deléitate en Jehová y Él te concederá las peticiones de tu corazón" Salmo 37:4. "¿A quién tengo yo en los cielos sino a ti?" Salmo 73:25. Esa es una promesa maravillosa. Existe una gran polémica sobre cuáles son los deseos de nuestro corazón que Dios nos va a dar. El texto lo explica claramente. Lo que deseamos es lo que nos deleita, por ello Dios nos promete darse a Sí mismo. Si poseemos pocas cosas, pero tenemos a Dios, somos ricos. Si tenemos mucho, pero carecemos de Dios, somos pobres. Atesora a Dios.

Martes

Ora por tus enemigos

Somos dañados, a veces para toda la vida, cuando la gente nos frustra, se nos opone, nos traiciona, ataca o chismorrea. Puede dañar nuestra capacidad de confianza y nuestras relaciones. La oración es una herramienta poderosa en estas situaciones. Cuando oramos por nuestros enemigos les superamos en autoridad y poder. Nuestros enemigos son gente dañada. Tenemos el poder de pedirle a Dios que derrame sobre ellos una bendición sanadora. Esto cambia nuestra perspectiva radicalmente. La oración nos transforma de ser una víctima a ser un agente de cambio. Ora por tus enemigos. Bendice a aquellos que te maldicen. Pruébalo.

Miércoles

¡El fin se acerca!

Muchos cristianos tienen un gran interés y preocupación por el fin del tiempo. La gente se pregunta si estamos en los últimos tiempos. Sí, estamos en los últimos tiempos desde que Juan escribiera el Apocalipsis. También escribió que estamos en la "última hora" hace 2.000 años. ¡El fin del mundo está cerca! "Fin" no significa "final" sino "cumplimiento" o llegar a la meta. Dios cumplirá su propósito en el mundo creado. Decir que el Final se acerca es decir que el Principio se acerca- el Principio del cumplimiento del Reino de Dios en la tierra. ¡Venga tu Reino!

Jueves

Los últimos tiempos

A menudo la gente pregunta: "¿Crees que estamos en los últimos tiempos?" La primera epístola de Juan, 2:18, dice "esta es la última hora", por lo tanto, la respuesta es "sí". Una hora de eternidad es larga según nuestros cálculos. En Hechos 1:6-7 los discípulos querían saber si el fin o la restauración era "ahora". Jesús dijo: "no os toca a vosotros saber los tiempos". Dios no quiere que sepamos cuándo será el fin. No quiere que calculemos, discutamos o hagamos un gráfico sobre ello. Quiere que confiemos en Él, que vivamos como Él quiere y que estemos preparados.

Viernes

Parábola de la madre y el niño

Había una vez una mujer que tenía un niño pequeño. Amaba a su niño y sabía que algún día él tocaría el horno caliente en la cocina. Le rogó, le regañó y le suplicó que no tocara el horno. El día que el niño tocó el horno no fue culpa de su madre. A ella le dolió que tocara el horno. El hecho de que ella sabía que un día él iba a tocar el horno no le quitó la responsabilidad ni su significado al niño. Cuando el niño pidió disculpas a su madre por haberle desobedecido, ella le dio un beso y le perdonó.

Semana Cuarenta y Uno

Lunes

Humildad

A menudo se piensa que ser humilde es ser tímido, tener auto desprecio o ser un pusilánime. Cuando Dios llamó a Moisés, éste le explicó cómo se percibía inadecuado para el trabajo. Eso era orgullo. Pero cuando aceptó el liderazgo, eso fue humildad. La humildad es realismo y confianza en Dios. Moisés fue llamado el hombre más humilde que jamás vivió y sin embargo tenía poder sobre la vida o la muerte de más de 1.5 millón de personas y no fue tímido ante el Faraón. Seamos humildes para aceptar los dones que Dios nos da para servir a otros. Que te identifique Dios, no tu propia imaginación.

Martes

El problema del mal

Si Dios es bueno y todopoderoso, ¿por qué existe el mal? Esta pregunta no puede responderse a menos que se dé por sentado que las personas son agentes responsables de sus acciones. Dios no nos hizo buenos automáticamente, sino con la responsabilidad de poder escoger el bien. A menudo no lo hacemos y por ello hay maldad. La historia es lineal y acumulativa. La maldad se acumula y afecta a todo el mundo. No somos culpables de lo que nos pasa, sólo de lo que elegimos y de lo que hacemos. Tenemos la tendencia a pensar en la maldad de otros. Si Dios hiciera algo para erradicar el mal, ¿qué pasaría contigo?

Miércoles

Amar al prójimo es amar a Dios

Había una vez una persona que creía en Dios y quería amarle. Por ello, empezó a leer la Biblia, a ir a la iglesia y a practicar disciplinas religiosas. Era una persona con gran celo por la verdad de Dios, hablando y corrigiendo a cualquiera que estuviera equivocado. Intentó con todas sus fuerzas ser un modelo de integridad religiosa. Pero había un vacío en su corazón. Sin embargo, cuando amó y sirvió a sus vecinos, empezó a amar a Dios y fue así como el gran vacío fue lleno de un profundo y apacible gozo que le dio mucho vigor.

Jueves

Enfado y paranoia

Muchos de nosotros sufrimos ataques de pensamientos y sentimientos de ira y paranoia que son racionales tan sólo en parte. Llenan nuestra mente de oscuridad o de fuego y llenan nuestra vida de miseria y soledad. Esos pensamientos carecen de amor y no son productivos. Aunque es muy tentador, es una equivocación seguir esos pensamientos y llevarlos a cabo. Se nos prohíbe preocuparnos de eso. Podemos agotarnos en esa lucha. ¿Por qué no hacemos algo en vez de preocuparnos? Trae tus pensamientos a Jesús y deja que Él haga algo. Él te protegerá, te sanará, te perdonará, te consolará y te aceptará. Pruébalo. Que Dios te bendiga.

Viernes

El Espíritu sopla y vuela

En la Biblia, la palabra "espíritu" significa "viento" en hebreo y en griego. El Viento es una Persona con voluntad y Propósito. El Viento vuela como una paloma sobre las aguas de la creación, el diluvio y el bautismo de Jesús- tres comienzos nuevos. El Viento sopla y nos da aliento de Verdad, Sabiduría, amonestación, guía, consuelo y el nombre de Jesús. Él es el Espíritu de Jesucristo que proclama y señala a Jesús como nuestro Salvador y guía en nuestra vida. El Espíritu viene a nuestra vida, planta semillas y lleva fruto. Deberíamos atesorarle y amarle más.

Semana Cuarenta y Dos

Lunes

Examina el mensaje, no el mensajero

El Apóstol Pablo no era muy guapo y no caía muy bien a todo el mundo. Algunos falsos maestros eran atractivos, tenían buenas referencias, eran oradores refinados y halagaban al público. Muchos se dejaron descarriar por ellos. Hoy día también es un peligro dejarse cegar por la belleza, la personalidad, las habilidades de actuación y la popularidad de un maestro en una iglesia, un colegio, en la política, las artes o la propaganda y creer su mensaje sin examinarlo primero. Todos sabemos cómo nos hace sentir un mensaje. Sólo aquellos con la mente de Cristo saben cómo piensan.

Martes

Tiempo y Eternidad

Una matriz es una atmósfera en la cual ocurren cosas. El agua es la matriz del té, el aire es la matriz del sonido y el ciberespacio es la matriz de los emails. La matriz de las cosas que ocurren en el espacio es el tiempo. La matriz de las cosas que tienen lugar fuera del espacio es la eternidad. La eternidad no es tiempo infinito. Es una matriz diferente. Cada punto del tiempo está presente a cada punto de la eternidad. Esta es la razón de que la profecía sea posible. Podemos conectar con la eternidad a través de la oración y de otras maneras. Cuando Jesús vuelva, el tiempo y la eternidad se combinarán en el Reino de Dios en la nueva tierra. Que Dios nos ayude a ver las cosas desde Su perspectiva de la eternidad. Amén.

Miércoles

El Templo del Espíritu Santo

Dios es el Dios de las relaciones y no está centrado en sí mismo. Él quiere que seamos igual a Su Imagen. Nosotros no somos individualmente el Templo del Espíritu Santo y el cuerpo de la esposa de Cristo, sino la comunidad de los hijos de Dios unidos en familia. Donde dos o más se juntan, Cristo y Su Espíritu están presentes de una manera más completa que cuando estamos solos. Podemos orar solos y el Espíritu nos bendice individualmente, pero nuestra vida eterna no es solitaria. Practica ahora para la eternidad.

Jueves

Los 10 Mandamientos Posmodernos

(continuación de la página 49)

VI. Aceptarás los daños colaterales del proyecto de tu vida.

VII. No serás infiel a tus propios sentimientos y deseos.

VIII. Te apropiarás de todo lo que te impida salirte con la tuya.

IX. Adaptarás la verdad para servir tu conveniencia.

X. No desearás valorar nada que no salga de ti mismo.

Viernes

Confianza y pánico

Los cristianos viven en un ambiente tranquilo de confianza gracias al fiel poder de Dios nuestro salvador. No vivimos en un miasma de conspiración de pánico. Toda autoridad procede de Dios, pero no siempre se usa con perfección. Los gobiernos cometen errores. Se nos llama a ser astutos como serpientes y sencillos como palomas. Debemos dar a Dios lo que es de Dios y a César lo que es de César. No debemos condenarnos los unos a los otros por los límites que marcamos. Los cristianos deben bendecir su ciudad para que sea una bendición vivir en ella.

Semana Cuarenta y Tres

Lunes

Dos clases de personas

Hay tan sólo dos clases de personas en este mundo- los que son conscientes de su necesidad de Dios (los pobres de espíritu) y los que no lo son (los ricos de espíritu). Los ricos dependen de sí mismos, de sus carreras y sus logros, sus clubs y tradiciones para su identidad y significado. Los pobres dependen de Dios en Cristo. Ambos grupos incluyen al rico y al pobre, al atractivo y al desagradable, al admirable y al desechado, al religioso y al menos religioso, al sano y al enfermo, al guapo y al feo. Normalmente juzgamos según las apariencias y nuestros gustos particulares. Dios juzga por el corazón. Sé pobre de espíritu y vive.

Martes

Oraciones sin contestar

Muchos cristianos piensan que, si no reciben lo que piden, sus oraciones no han sido contestadas. "Sí", no es la única respuesta posible que Dios pueda dar. Puede contestar con un "sí", "no", "quizás" o "espera". Todas estas son respuestas. Jesús dijo que si un niño nos pide un pescado no le vamos a dar una serpiente, o una piedra en vez de pan. No sabemos lo que realmente necesitamos y a veces pedimos a Dios una serpiente o una piedra. No nos concede esas cosas porque nos ama. Orar en el nombre de Jesús significa pedir lo que Dios quiere, no lo que nosotros queremos.

Miércoles

Consuelo

El consuelo de Dios no significa tan sólo tener abrigo, comida, salud y un trabajo seguro. Es mucho más importante que nuestros pecados estén perdonados, que Dios nos acepte y nos guarde en Sus brazos con su tierno poder. Todos tenemos problemas y preocupaciones. Es sabio pedir que Dios nos dé su consuelo y, a su vez, aceptar su abrazo como el hijo pródigo. Dios quiere darnos su consuelo. Si se lo pedimos, sabemos que lo recibiremos porque es lo que Él quiere. Confía en Dios y permanece cerca de Él.

Jueves

Amor incondicional

Las emociones varían según las condiciones externas o internas. El amor es mucho más que las emociones. Amar significa tomar la decisión de apoyar y de estar disponible a la persona amada para que llegue a ser la persona que Dios quiere que sea. La disponibilidad de Dios para hacernos a Su imagen es constante y perfecta. La efectividad del amor de Dios y de nuestro amor depende del deseo que tenga el amado de recibirlo. Las emociones pueden ayudar o inhibir el verdadero amor. El amor no es algo que nos sucede. Es algo que escogemos. Intenta escoger el amor en toda circunstancia.

Viernes

Tesoro interior y exterior

Cuando bendecimos a otros y hacemos que sus vidas sean más reales y bellas, estamos acumulando un tesoro en el cielo. Bendecir a otros puede llegar a convertirse en una industria exterior, mientras que en nuestro interior nos estamos pudriendo. Cuando líderes cristianos se queman en la obra, la gente a veces dice "su trabajo fue de gran bendición para mí". Sin embargo, el líder cristiano no fue bendecido. Deberíamos asegurarnos de que no sólo trabajamos para bendecir a otros, sino también para alimentarnos y edificarnos en nuestro interior. Hazte disponible para recibir la sanidad y la guía de Dios. Está preparado para cambiar en tu interior al igual que bendecir en el exterior.

Semana Cuarenta y Cuatro

Lunes

Entender la Palabra de Dios

El lenguaje es difícil. Probablemente es imposible describir con palabras en el tiempo y el espacio cosas y eventos que ocurren mayormente en la eternidad. Hay tres cielos: donde vuelan los pájaros, donde habitan las estrellas y el cielo sobrenatural. La misma palabra se usa para los tres. El texto, en sí mismo, no dice lo suficiente- necesita ser explicado. La precisión es limitada y nunca perfecta. Si necesitáramos más precisión, Dios nos la daría. No podemos entender la Palabra de Dios adecuadamente tan sólo con nuestra mente. La Palabra de Dios es la Biblia, la creación y Jesús. Una comprensión real es una relación holística.

Martes

Valor y deseo

El deseo incrementa el valor percibido inmediatamente. Allí donde esté tu corazón estará tu tesoro. Te dedicarás a lo que quieras. Podemos seguir los deseos naturales que van y vienen, o podemos aprender a desear lo que Dios desea para nosotros y así estar estables en Su Verdad y Amor. Si queremos lo que Dios quiere, todos nuestros otros deseos y valores se posicionan y enfocan en su sitio correcto. Para nosotros esto es algo imposible, pero podemos pedirle a Dios que nos ayude a querer lo que Él quiere, y Él lo hará. Desea lo que Dios desea.

Miércoles

Victoria durante la COVID

No todas las cosas son buenas. Dios obra a través de todas las cosas para el bien de los que le aman. Busquemos y recibamos la victoria de Dios en nuestra vida durante la epidemia de la COVID. ¿Te está enseñando el Espíritu Santo a atesorar y desarrollar tus relaciones a consecuencia de las restricciones? ¿Te está enseñando paciencia, fidelidad y amabilidad? La epidemia de la COVID se acabará un día. Las victorias de Dios en nuestra vida no acabarán. ¡Alégrate! Podemos pedirle a Dios que se acabe el virus. Dios no nos da todo lo que queremos. Nos da todo lo que Él quiere, lo cual es mucho mejor. Ama a Dios y deja que Él te ame a ti.

Jueves

Querer lo que Dios quiere

Dios ha prometido que si pedimos lo que Él quiere que tengamos, nos lo dará. Está claro que Dios quiere que todos crezcamos en los frutos del Espíritu y en los valores de las Bienaventuranzas y que nos amemos unos a otros. No está claro que Dios quiera que seamos sanados o que consigamos el trabajo o la visa o que aprobemos el examen. ¿Qué más sabemos sobre lo que Dios quiere para nosotros según las Escrituras? Pide lo que Dios quiere y todo lo demás se hará más claro en Su Reino.

Viernes

¿Y qué pasa con aquellos que nunca han oído? (Parte I)

Muchos cristianos sensibles se preocupan de aquellos que nunca han oído el Evangelio, no han leído la Biblia o conocido a un misionero. Lo básico que uno necesita saber para ser salvo es que están perdidos y que necesitan que Dios les perdone y restaure. Dios comunica esto a toda persona de diversas maneras: la Biblia, la conciencia, los sueños, la convicción del Espíritu Santo. La cuestión es cómo responde la gente. En Romanos 1 leemos que nadie tiene excusa. Es urgente que demos más oportunidades para que la gente responda a través del trabajo misionero en todo el mundo.

Semana Cuarenta y Cinco

Lunes

Causa y efecto

Dios creó el universo con una ley de causa y efecto y continúa sosteniendo esa ley. Si un cristiano y un no-cristiano saltan de un edificio, ambos caerán hacia abajo, no hacia arriba. Si creas tu propia moral e identidad (come del árbol del conocimiento del bien y del mal), morirás. Cuando la gente vive las consecuencias de sus elecciones, la Biblia a menudo dice 'Dios lo hizo', porque la causa y el efecto proceden de Él. El hecho de que Dios sustenta la ley de causa y efecto no significa que nuestra participación en la historia y la responsabilidad por nuestras acciones sean eliminadas.

Martes

¿Y qué pasa con aquellos que nunca han oído? (Parte II)

El reconocer que necesitamos a Dios es esencial para la salvación. Cualquiera que sepa eso y busque a Dios será salvo. Tener una Biblia y oír el evangelio no es suficiente. Dios usa diversas maneras de hacer saber a la gente que tienen necesidad de Él: la Biblia, otras personas, la creación que nos muestra lo inconsistente e infieles que somos, la convicción del Espíritu Santo. Dios no controla la respuesta de la gente. Algunos le rechazan, aunque Dios nos dice a todos que le necesitamos. Es importante que otros oigan de nosotros acerca de la verdad y el amor de Dios a través de Jesucristo.

Miércoles

Amor y confianza

Dios nos ama y podemos confiar en Sus promesas; pero no en aquellas otras que hayamos imaginado. El efecto del amor de Dios por nosotros depende de que lo recibamos. Siempre debemos amar a nuestro prójimo. La confianza es algo diferente. Todos estamos quebrantados y distorsionados por el pecado. Debemos confiar en los demás dentro de los límites de sus capacidades. No debemos demandar demasiado. Si una persona es cleptomaníaca, debemos amarla y no esperar que vaya a superar su problema inmediatamente. La confianza insensata puede empeorar las cosas.

Jueves

¿Por qué?

"¿Por qué?" es normalmente un clamor agonizante. ¿Por qué yo? ¿Por qué esto? ¿Por qué ahora? Queremos entender las cosas como causa y efecto. Cuando le preguntaron a Jesús, en Juan 9, por qué un hombre había nacido ciego, él simplemente dijo "no busquéis una razón en el pasado, buscad un propósito en el futuro". Cuando preguntamos "¿Cómo usará Dios esto para el bien de las vidas de aquellos que le aman?" nos colocamos en la perspectiva del Reino de Dios y en su propósito. "¿Por qué?" puede ser una expresión de desesperación porque sabemos que no hallaremos la respuesta. "¿Para qué?" expresa esperanza y confianza.

Viernes

Sabiduría

Había una vez un pastor muy inteligente, bien formado y con mucho talento. Conocía la Biblia y podía explicarla bien. La iglesia se beneficiaba de su trabajo y de su servicio. Un día recibió a una nueva feligresa, la cual no era muy inteligente ni estaba bien formada ni tampoco tenía muchos talentos. Ella se pasaba mucho tiempo orando por las personas, animándolos y ayudándolos como podía. A través de la fraternidad con esta feligresa, y al seguir su ejemplo y apoyo, el pastor también creció en sabiduría. La inteligencia tiene valor, pero sin sabiduría no tiene valor completo. La sabiduría sin la inteligencia tiene valor completo. Aprendamos los unos de los otros.

Semana
Cuarenta y Seis

Lunes

90%>100%

"90% es mayor que 100%" no es una ecuación correcta en el tiempo y espacio matemático. Pero es una maravillosa realidad en el Reino de Dios. Dar el diezmo no es un mandamiento en el Nuevo Testamento, pero el dar generosa y alegremente sí lo es. Cuando apartamos el 10% de nuestro salario (en bruto o neto) para darlo a otros de forma regular o espontánea, estamos haciendo una inversión eterna. También parece que misteriosamente nos trae paz y seguridad financiera aquí y ahora. Muchos cristianos temen hacer ese tipo de inversión porque su fe es débil. No lo consideres un sacrificio sino una inversión. Pruébalo.

Martes

Ciberespacio

El ciberespacio es un tanto misterioso para la mayoría de nosotros. Y también lo es la parte sobrenatural de la realidad. La vida es dura y peligrosa. La muerte es fácil. La seguridad no está disponible en el mundo físico, en el ciberespacio o en nuestra realidad sobrenatural. Sólo hallamos seguridad en Jesús y Él está con nosotros en todas partes. Cuando pasamos tiempo en el ciberespacio (sea lo que sea), debemos acordarnos de Jesús, estar cercanos a Él y debemos incluirle en nuestras actividades. Siempre estamos en la presencia de Dios y no deberíamos pensar en darnos un respiro. ¡No queremos que Dios se tome un respiro de nosotros!

Miércoles

Palabras y Sentimientos

Había una vez un niño que tenía ideas apasionadas y confusas sobre muchas cosas. No era capaz de compartir sus sentimientos ni de expresarlos inteligentemente. Entonces alguien le ayudó a usar palabras fidedignamente y con claridad para poder expresarse a sí mismo y poder entender sus sentimientos. Cuando los sentimientos subjetivos encontraron un compañero objetivo en palabras estables, pasaron de ser preocupantes y controladores a más agradables y útiles. La unión entre sentimientos misteriosos y palabras claras produce un niño de paz. Podemos escoger nuestras palabras, pero no escogemos nuestras emociones.

Jueves

Una palabra vale más que 1000 imágenes

Las imágenes, tanto si son fotografías, dibujos, pinturas, esculturas u otra clase de imágenes, tienen añadidas normalmente palabras en títulos o descripciones. Las palabras, a veces, aunque no siempre, tienen imágenes que las acompañan. Parece que las imágenes necesitan tener palabras más que las palabras necesitan tener imágenes. Las palabras se valen por sí mismas. Las palabras pueden ser entendidas de varias maneras, pero no necesitan imágenes para definirlas o para añadir a su significado. "En el principio era el Verbo", no la imagen. Los humanos reflejamos la imagen de Dios en parte porque podemos hablar y estamos comprometidos con nuestras palabras. Seamos responsables de nuestras palabras y valorémoslas.

Viernes

La vida es dura

Recibimos la vida natural en el momento de la concepción. Recibimos la vida eterna cuando creemos en Jesús. La vida natural terminará con la muerte. La vida natural es muy dominante. Es fácil ser natural-sólo necesitamos seguir la corriente y "ser natural". Es un camino escurridizo que lleva a la muerte. La vida real en Cristo es una batalla contra la muerte; es un camino activo, una carrera o una lucha. Escoger la vida es activo y comprometido y requiere la ayuda de Dios. Escoger la muerte es pasivo. La vida es dura. La muerte es fácil.

Semana Cuarenta y Siete

Lunes

Cree y sé bautizado

El bautismo de agua es una celebración obediente de nuestra creencia en Jesús y del bautismo en Su Espíritu. La Biblia nos enseña a creer, arrepentirnos y ser bautizados. El orden correcto es creer y ser bautizado, no ser bautizado y quizás creer más tarde. El bautismo no nos salva; celebra y demuestra nuestra salvación. El bautismo de agua puede ser controlado por la Iglesia, pero el bautismo del Espíritu Santo no. La inmersión muestra nuestra muerte y resurrección con Jesús. Rociar la cabeza con agua muestra lavamiento. El bautismo se debe ofrecer a todo aquel que cree en Jesús y pide ser bautizado.

Martes

Roto

Todos vivimos experiencias en las que algo se rompe: huesos, promesas, esperanzas, matrimonios o carreras. Nuestras circunstancias están todas rotas de alguna manera. Lo que tenemos en común son identidades o corazones rotos. Nuestra necesidad más fundamental es que Jesús restaure nuestro corazón roto usando su propia sangre como pegamento. Cuando Jesús cura nuestro corazón y nos da una nueva identidad en Él, ninguna de las otras cosas rotas puede destruirnos. No niegues ni huyas de tu quebrantamiento. Llévalo a Jesús para que te sane. Su amor por ti es poderoso.

Miércoles

Derechos y Gracia

Los derechos son creados y concedidos por gobiernos e instituciones. Los Derechos son ideados y garantizados por las Naciones Unidas y otras organizaciones. La gracia es un don de vida para aquellos que no tienen derecho a ella. Dios da derecho a ser Sus hijos a aquellos que no lo merecen. Mucha gente tiene necesidades básicas que no se suplen. No tienen derecho a que esas necesidades se cubran. Dios nos pide que ayudemos a aquellos que tienen necesidad, no porque se lo merezcan, sino porque Dios es Amor.

Jueves

¿Cómo sabes eso?

Conocemos cosas de formas diferentes. ¿Cómo sabes que te gusta el chocolate? Lo sabes por experiencia. ¿Cómo sabes que dos y dos son cuatro? Lo sabes por lógica. ¿Cómo sabes que tienes que parar en una luz roja y seguir en una verde? Lo sabes por cultura o por institución o por tradición. ¿Cómo sabes que Jesús te ama? Lo sabes por revelación de lo sobrenatural eterno que entró en el tiempo y espacio (me lo dice la Biblia). Necesitamos todas estas formas de conocer como Dios quiere que conozcamos.

Viernes

Gozándonos en el sufrimiento y en la tristeza

Algunos de los acontecimientos que se relatan en el libro del Apocalipsis ocurren en la tierra y otros en el cielo (las dimensiones sobrenaturales de la realidad). Los que ocurren en la tierra están dentro del tiempo, mientras que los del cielo suceden en la eternidad. "Un día es como mil años y mil años son como un día" describe la relación entre el tiempo y la eternidad. ¿Se espera que midamos los hechos que ocurren en el cielo con un calendario? Probablemente no. Los eventos son verdaderos y reales, aun cuando no podemos imaginarlos perfectamente o medirlos. Vivimos por fe y no por vista.

Semana Cuarenta y Ocho

Lunes

Los que dan y los que toman

Te pregunto esto para saber si eres una persona que da o una persona que toma: ¿Preguntas cuánto te va a bendecir la iglesia o cuánto puedes tú bendecir a la iglesia? ¿Te preocupas más por tus derechos o por tus responsabilidades? ¿Eres parte del problema o parte de la solución? Ora y busca claridad en este tema. Atrévete a preguntar a otros cómo te ven ellos. Ora y esfuérzate por ser de los que dan y por ser parte de la solución. Sabemos que Dios te va a ayudar porque eso es lo que Él quiere para ti.

Martes

Sermones Buenos

El sermón que dio Pedro en Pentecostés es un buen modelo. Un sermón debería proclamar a Cristo e invitar a la gente a creer en Él. Debería explicar las Escrituras y conectar el Nuevo y el Antiguo Testamento. Debería también consolar al que lo necesita y reprender al que su conducta no es cristiana. Debería contar historias para ilustrar las ideas. Aplicaría las Escrituras a la vida contemporánea y debería enseñarnos a vivir y a pensar como seguidores de Jesús. Este tipo de mensaje es el alimento bueno y nutritivo. Si eres un predicador, predica de esta manera para bendecir a tu gente.

Miércoles

Creación Santa

Santo significa completo y separado de todo lo que es incompleto. En numerología griega, el número 7 representa totalidad. El 3 representa el Creador trinitario y el 4 representa la creación con 4 direcciones y 4 estaciones. 777 representa totalidad trinitaria o Santo, Santo, Santo. 666 representa "casi" o "falso" o malvado. Dios se expresó a Sí mismo en la creación, de la cual dijo que era muy buena o Completa/Santa. El pecado de rebelión del diablo y del ser humano separó la creación del Creador y la distorsionó. Dios ama a la creación y va a santificarla otra vez para que podamos vivir en ella con Él.

Jueves

Océano

En la mitología mesopotámica, el océano controlaba el caos: creando, rodeando y conteniendo la tierra y el mar. Llamado también serpiente, da a luz a dragones. En el templo de Salomón, el mar era el objeto más grande y el único que era asimétrico. Era absurdamente impráctico como objeto para lavarse. El mar u océano está totalmente contenido y controlado por el templo o el Reino de Dios. En el relato detallado de la visión de Ezequiel del templo, el mar no se menciona y en el libro de Apocalipsis se dice que el mar no existe más. Dios es mayor que todas las mitologías y las imaginaciones humanas y las consume en un control victorioso.

Viernes

Información

La información es algo misterioso. No sabemos exactamente lo que es, pero nadie duda de su existencia. La información controla la materia, particularmente la materia genética, pero no hay evidencia de que la materia produzca información. Los materialistas creen que la materia produce información. Es más probable que la información sea sobrenatural, procedente de Dios, el cual sostiene todo a través del poder de Su Palabra. En el principio era el Verbo. En el principio era la información. El Verbo se hizo carne y habitó entre nosotros. No entendemos cómo puede ser esto, pero debemos ser agradecidos y confiar en esa Verdad. Es la mejor explicación de todo.

Semana Cuarenta y Nueve

Lunes

Desobediencia Civil

La desobediencia civil es una opción en la vida cristiana, pero es discutible y requiere una claridad cuidadosa. Orar por los que tienen autoridad sobre nosotros es un mandamiento y nunca se pone en duda. Podemos ser muy activos a través de la oración por aquellos que están en puestos de autoridad, cualquiera que sea la situación, y podemos hacerles saber que les apoyamos de esa manera. En algunas ocasiones, la desobediencia civil es oportuna. Siempre es apropiado defender la posición de Dios y pedir que Él también nos defienda. La oración puede guiar y orientar nuestras acciones. La acción sin la oración siempre es una equivocación. Haz de la oración y de la bendición de la ciudad tu prioridad.

Martes

Santo

En la Biblia, el significado de Santo es "separado" o "completo". Dios está completo en Sí mismo y está separado de todo lo que es incompleto o distorsionado. Es Santo, Santo, Santo porque es Tres Personas. Un lugar o una cosa es santa porque está dedicada a Dios, le pertenece a Él y está separada de las distorsiones que le rodean. La persona se santifica porque se hace una con Cristo y con los demás, separada de la distorsión y la muerte del pecado. Nos hacemos santos cuando crecemos en los frutos del Espíritu Santo. Sé santo porque Dios es Santo.

Miércoles

Humpty Dumpty

Humpty Dumpty es un huevo en "Alicia en el país de las Maravillas" y nos simboliza a todos nosotros. Humpty Dumpty se cayó de una pared (no importa de qué lado), se partió por la mitad y murió. Lewis Carroll nos dice que ni todos los caballos ni todos los hombres del rey pudieron restaurar a Humpty Dumpty. Pero el Rey (Jesús) sí pudo. Jesús usa su propia sangre para pegar los trozos de Humpty Dumpty (y los nuestros) y nos da vida nueva. Todo el mundo, incluyendo a los niños, pueden comprender el evangelio en esta historia. Todos necesitamos que nos arreglen los pedazos. Reconoce tu necesidad y deja que Jesús te repare y te dé vida nueva.

Jueves

Víctimas inocentes

Todos somos inocentes de algo. Una persona que es culpable de asesinato puede ser inocente de crueldad a los perros o evasión de impuestos. Todos somos culpables de rebelarnos contra Dios y de distorsionar Su Imagen. Por lo tanto, todos merecemos la muerte. Si no merezco ser abusado, pero merezco la muerte, ¿qué es peor? Nadie puede protegernos totalmente de ser abusados. Dios puede protegernos de la muerte a través de Jesucristo. Si somos inocentes de merecer el abuso, pero culpables de merecer la muerte, ¿cuál de los problemas es el más importante? Pongamos las primeras cosas en primer lugar.

Viernes

Ama a tu enemigo

Hay gente que son nuestro enemigo. A veces sólo los percibimos como enemigos. Esa percepción produce ansiedad, espíritu de venganza y toda clase de sentimientos negativos, y esto no es saludable en ningún sentido. Jesús nos enseñó a amar a nuestros enemigos. Cuando oramos por la gente, lo hacemos desde una posición de fortaleza, pidiendo a Dios que los bendiga. Si Dios los bendice, serán menos enemigos para nosotros. En vez de ser enemigos amenazantes se convierten en objetos de misericordia. Esto es una bendición que nos hace fuertes en el Señor para bien. Ora por tus enemigos y ámalos.

Semana Cincuenta

Lunes

Nuestros logros y los de Dios

Muchas personas miran al pasado y se preguntan qué han logrado o conseguido en esta vida. Deberíamos hacer lo que podamos. Lo que hacemos es individual y opcional. Lo que Dios hace en nosotros es general y esencial. Dios trabaja en nosotros para cambiarnos y moldearnos en nuestras actitudes y motivaciones. Trabajamos para hacer cosas. Si conseguimos mucho pero no dejamos que Dios trabaje en nosotros, somos perdedores. Si logramos poco y dejamos que Dios trabaje en nosotros, seremos ganadores. Maximiza ambas cosas. Apóyate primordialmente en Jesús y en Su Trabajo.

Martes

Paciencia

La paciencia es un fruto del Espíritu. Normalmente no es una característica natural en las personas. La paciencia pertenece a la parte pasiva de la vida. Necesitamos paciencia con otras personas y con Dios. La paciencia requiere confianza. Otras personas no son fiables, pero podemos tener paciencia con ellas porque confiamos en Dios. Conectar la paciencia con la humildad, antes que sentirnos orgullosos de nuestra paciencia, es algo espiritualmente sano. La paciencia parece ser muerte porque morimos a nuestros derechos y necesidades. Es cuando morimos a nosotros mismos que vivimos en Cristo. La paciencia es realismo a largo plazo.

Miércoles

Vida real

El ser auténticos con nosotros mismos y el vivir nuestra mejor vida no establece nuestra identidad ni nos hace seguros ni reales. Tan sólo nos pone en el centro de la realidad y por ello nos aplasta. La realidad y la seguridad sólo se obtienen de Jesucristo. Cuando nos afirmamos unos a otros y nos aprobamos, nos sentimos muy bien y parece real, pero sólo la aprobación y la afirmación de Jesús son válidas y reales. Podemos animarnos y apoyarnos mutuamente sin jugar a ser Dios. No creamos la realidad cuando la imaginamos. Deja que Jesús te haga real. Jesús pagó por tu vida. Acéptalo de Él como Él lo pide.

Jueves

Amén

"Amén" es una palabra hebrea que significa "sí" o "así sea". Cuando oramos con otras personas decimos "Amén" si estamos de acuerdo con sus oraciones y no decimos "Amén" si disentimos o no estamos seguros. Cuando oramos solos, "Amén" es como la firma al final de una carta. Cuando otros oran o declaran algo, decir "Amén" es como si firmáramos su carta. Decir "Amén" no debería ser automático o sin sentido. Amén no significa "vale" o "bueno". Significa "sí". Debemos ser responsables delante de Dios para escuchar atentamente las oraciones o afirmaciones de la gente y asentir o disentir con ellos.

Viernes

Rema tu barco

Rema, rema, rema tu barco lentamente bajando el arroyo.

Felizmente, felizmente, felizmente la vida es un sueño.

Mucha gente conoce esta canción y les encanta cantarla repetidamente. No debemos dejar de cantarla, pero debemos reconocer que la canción expresa una visión del mundo nihilista y es humor negro. Los barcos normalmente se reman subiendo el arroyo y bajando la costa. Si la vida es tan sólo un sueño, ¿existe la realidad? Considera esta interpretación:

Impulsa, impulsa, impulsa serenamente tu embarcación hacia abajo en la solución.

Extáticamente, extáticamente, extáticamente la existencia es nada más que una ilusión.

Semana
Cincuenta y Uno

Lunes

Liberación Sexual

En nuestra cultura occidental es normal y aceptable que los hombres digan que necesitan y quieren una esposa. Al mismo tiempo, es una deslealtad vergonzosa de género que las mujeres digan que quieren o necesitan un esposo. Algunas preguntas sugieren: ¿necesitan los hombres esposas, mientras que las mujeres no necesitan esposos? Si la necesidad es la misma, ¿por qué no pueden expresarlo las mujeres? ¿Los hombres imponen su opresión sobre las mujeres o se la imponen ellas mismas? ¿Son las mujeres víctimas de su propia liberación? ¿Cómo podemos trabajar para conseguir más igualdad en esta área de la libertad sexual?

Martes

Ovejas y Cabras

Las ovejas son torpes, dependientes, se desorientan fácilmente y tienen tendencia a perderse. Las cabras son ágiles, independientes, se orientan bien y son autosuficientes. Que nos llamen "ovejas" no es un piropo. Mucha gente quisiera ser una cabra para Dios. Las cabras son orgullosas. Ser una oveja requiere pobreza de espíritu- el primer requisito para entrar en el Reino de Dios, según el Sermón del Monte. Sé una oveja para Dios. Depende totalmente de Jesús, de Su Palabra en la Escritura y del Espíritu Santo. Jesús guarda las ovejas y echa a las cabras.

Miércoles

Racismo sistémico

Sistémico significa a través del sistema. En un sistema nacional, el racismo sistémico significa segregación o persecución requerida o permitida por la ley. El racismo puede ser un problema grande sin ser sistémico. En todos los países, el pecado y el orgullo son sistémicos. En algunos países, el aborto y el adulterio son sistémicos. En ciertos países, el prejuicio religioso es sistémico. Otros sistemas más pequeños, como las iglesias o los clubs, pueden tener racismo sistémico en las reglas o actitudes generalizadas. Decir que el racismo es sistémico puede ser una exageración cultural o política usada para moldear nuestra forma de pensar fuera de la realidad. La publicidad y la política pueden seducirnos. Mantente alerta, sé responsable y examínalo todo.

Jueves

Testimonios

Un testimonio (de "testa"- cabeza) es una declaración o testigo de lo que se conoce como verdadero. La ley en el Antiguo Testamento es un testimonio de lo que es cierto sobre Dios y la obediencia a Dios. Un testimonio sobre Jesús es un testimonio de la verdad de Jesús. Un testimonio bíblico no es sobre mí mismo o mis experiencias. Es importante que los cristianos den testimonio sobre Jesús para clarificar, unificar y discutir entre ellos. De esta manera, nuestro conocimiento de Jesús se estabiliza, profundiza y expande. Deberíamos dar testimonio sin usar las palabras "yo", "mi" o "mío".

Viernes

El Circulo y la Cruz

El círculo es un símbolo de unidad y perfección. Se usa en varias filosofías y religiones. Tiene un interior y un exterior. ¿Cómo entramos al interior? Un círculo es necesariamente concéntrico o centrado en sí mismo. No sirve como símbolo del cristianismo. El símbolo del cristianismo es la cruz. La cruz tiene básicamente la forma de un ser humano. Es un abrazo radiante. Es un símbolo de amor, sacrificio, invitación, aceptación y victoria del bien sobre el mal y de la verdad sobre la mentira. Es un misterio que puede llegar a realizarse totalmente no sólo por el entendimiento, sino también viviéndolo.

Semana
Cincuenta y Dos

Lunes

Blasfemia

Blasfemar o usar el nombre de Dios de forma estúpida no es bueno. Son costumbres que destruyen el lenguaje. La blasfemia usa de una manera sutil y profunda el nombre de Dios y su carácter en favor de nuestra propia vanidad. Si decimos que 'Dios me lo ha dicho' sobre algo que imaginamos o esperamos que ocurra, viene a ser como poner la firma de Dios a algo que hemos inventado. Es fraudulento y manipulador. Creamos a Dios de acuerdo con nuestra imaginación. La blasfemia es profecía falsa que crea confusión sobre Dios en la comunidad de Su gente. Evita la blasfemia.

Martes

La Roca

Dios es nuestra Roca. Podemos apoyarnos en Él. Él es sólido y fiable, proveedor y necesario. Jesús es nuestra Roca, la piedra del ángulo del edificio de la familia eclesial. Salió agua de la Roca para refrescar a la gente. Salió agua de Jesús cuando fue castigado por nosotros. Podemos elegir construir nuestra vida y nuestras relaciones sobre la Roca o caerá sobre nosotros y nos destruirá. Las piedras claman por la Roca que las hizo. Cuando creemos y declaramos que Jesucristo es la Roca, nosotros, junto con Pedro, nos hacemos cristianos o "rocosos".

Miércoles

Ser o no ser vacunado

Cuando consideramos si debemos vacunarnos o no, una pregunta relevante sería: "¿Soy parte del problema o parte de la solución?" "Solución" significa progresar hacia el fin del enmascaramiento, la segregación y la falta de confianza que vivimos hoy día. La gente que no ha sido vacunada tiene una ventaja sobre los que lo han sido: los que no se han vacunado pueden cambiar de opinión, mientras que los vacunados no pueden. Que Dios nos bendiga a todos y nos mueva al amor y la oración por los demás. Amén.

Jueves

¿Víctima o Criminal?

Todos somos, de una forma u otra, víctimas. El clima, la economía, la enfermedad, los accidentes, la guerra, el crimen, la depresión y los enemigos, todos ellos nos hacen sufrir y nos convierten en víctimas. Necesitamos salvación, liberación y protección de todas estas cosas. De lo que más necesitamos salvación no es de lo que nos ocurre a nosotros, sino de lo que hacemos: si obedecemos y confiamos en Dios, o si aceptamos la vida y la identidad que Dios nos da o si intentamos fabricarla de nuestra imaginación o deseo. No necesitamos una reparación. Nos hemos destruido nosotros mismos y necesitamos ser reconstruidos. Arrepiéntete y sé salvo.

Viernes

Debilidad y Coraje

El coraje está normalmente asociado con la fuerza. El superhéroe tiene coraje porque tiene habilidades especiales. El coraje no es usar nuestra fuerza y confianza sino actuar cuando somos débiles y tenemos miedo. Cuando pedimos ayuda a Dios y confiamos en Él, experimentamos un poder sobrenatural para amar, cuidar, servir y hablar de la verdad de Dios. Cuanto más hacemos esto, más vemos el poder de Dios convirtiendo nuestro esfuerzo débil en esfuerzo completo y efectivo, aun más allá de nuestra imaginación. Con el tiempo, como le pasó al Apóstol Pablo, nos llegamos a gozar en nuestras debilidades porque a través de ellas vivimos el poder de Dios para el bien y la vida.

www.ingramcontent.com/pod-product-compliance
Lightning Source LLC
Chambersburg PA
CBHW070128080526
44586CB00015B/1605